宗喀巴大师传

法尊 著

青海人民出版社

图书在版编目(CIP)数据

宗喀巴大师传 / 法尊著. —西宁：青海人民出版社，2014.7(2024.8重印)
ISBN 978-7-225-04750-8

Ⅰ.①宗… Ⅱ.①法… Ⅲ.①宗喀巴（1357～1419）—传记 Ⅳ.①B949.92

中国版本图书馆CIP数据核字(2014)第163104号

宗喀巴大师传

法尊　著

出 版 人　樊原成
出版发行　青海人民出版社有限责任公司
西宁市五四西路71号　邮政编码:810023　电话:(0971)6143426(总编室)
发行热线　(0971)6143516/6137730
网　　址　http://www.qhrmcbs.com
印　　刷　青海西宁西盛印务有限责任公司
经　　销　新华书店
开　　本　787mm×1092mm　1/32
印　　张　5.625
字　　数　51千
版　　次　2014年8月第1版　2024年8月第6次印刷
书　　号　ISBN 978-7-225-04750-8
定　　价　20.00元

目录

显密诸经之记剪

显密诸经之记莂

宗喀巴大师者，乃于无量劫前发菩提心，修菩萨行，资粮圆满，应正等觉，惟为化度诸难调故，于边地中现苾刍身，住持如来圣教，饶益无边有情。然诸劣根有情犹难信解，今以教理略明大师示现之事。

大师系文殊菩萨之化身，文殊久已断尽二障，圆发二智，为七佛之师，故此大师亦已成佛久矣。如《文殊根本教王经》中授记云：世间我涅槃，地上成空虚，汝（指文殊）现异生身，行诸佛所行。彼时雪山中，有极喜兰若，此中记莂，文殊示现异生之像，地在雪山之中，寺名欢喜也。今藏中此寺，建自大师，故大师为文殊之化现，一证也。又《空行秘密经》云：曼殊师利号贤慧，增广教法甚希有。此记文殊之德号与大师同名，又一证也。又天竺月称论师授大明杜鹃论师记云：至尊宗喀巴者，系曼殊师利现苾刍身，为于边地度众生故，随意受生，汝亦当生彼，依彼教行，宏广教法云云。又提婆菩萨、佛护论师、静天论师，皆现彼论师前，为授记云：于边地中有至尊宗喀巴曼殊师利，住持教法，汝亦是彼所化度者，应礼彼足，如教修行；修诸心要云云。大明杜鹃论师者，即宗喀巴大师之弟子克主杰是也。此中明记宗喀巴之号。又克主杰前生在天竺受生，文殊菩萨现身告曰：边地众生最极愚蒙，不知取舍之处，实可悲愍。以无明故，趋入邪道，流转生死，我为安立彼等于解脱及一切智故，顺其下劣意乐，现苾刍身，汝亦是我所化机，故应往生彼中云云。又于一时慈尊现身教云：于此瞻部洲，为欲光显释迦能仁教法，犹如日轮，故文殊化身，与大师亲来无异，汝亦应往彼宏其教法。此二记莂，即记彼为师徒之关系，如是等教甚多，恐繁不录。

曼殊师利菩萨为化度众生故，现为诸佛长子之身。究其实体，则成佛已久，于无量劫前，平等世界中应正等觉，号曰龙种胜佛，此如《健行三摩地经》所说。于未来世当现正等觉，号曰普见如来，此出《宝积经》中。现于北方，过去四十二恒河沙数佛土，有世界名曰常极欢喜爱乐殊胜，有如来应正等觉，号曰胜解极欢喜藏摩尼宝积王，现住世间。彼中无有声闻、独觉，惟有一乘，无余乘名，亦无老病诸苦恼事。彼如来者，莫作异念，即曼殊师利童子是也，此如《指鬘经》所说。仅以如上所引经教，已足证明宗喀巴大师为文殊之化现无疑矣。

别明现世事迹

别明现世事迹

大师之诞生

大师降生之地曰宗喀，距西宁五十余里。父名达鲁华赤·炉嘣格，勇识仁和，心智明利，深心信敬师僧三宝。于诸贫乏，慈悲惠济，具足成就七功德财，日诵称赞《圣曼殊师利真实名经》，以为常课。见诸善法，勇乐欲为。母名馨萨(上声)阿其，本性贤善，无谄无嫉，见诸有情，舒颜正语，增上衷悃，无依怙者，或时礼敬，或时绕佛，持六字明，常无间懈，身语意业，勤修善品，远离一切女人过失。大师父母贤善如是，可谓具大善根者也。

大师有兄弟六人，自居行四，亲里眷属，时足千人。七族之中，人亦甚众。族中全信三宝，前后出家具沙门功德者，时有其人（大师入住出胎，为觉为迷，略缘梦相，智者自知）。丙申岁底，父于梦中见一大德，以诸花鬘庄严法衣，以忉利树叶为裙，形如黄绢，负诸经卷，谓从中国五台山来，向汝借宿。说已，即升楼上佛堂。父因平时诵《曼殊名经》，以为是曼殊示化，便念我当生子，具智慧耶。又于梦中，见一金杵，光明晃耀，入母身中，意为是绿叶佛土金刚手菩萨所掷来。醒时念云：我当生子具大力耶。又母梦中，见有平原，诸花遍布，有千女人敷坐其中，自亦处内，见自东方来一白色童子，手执净瓶。自西来一红色童女，右手持孔雀羽翎，左手执一大明镜，其童子指诸女人，问童女曰：此可否？此可否？其童女则于诸余女人各说一种过失而答之。其后童子以指指其母问曰：此可否？童女欢颜答曰：可。时童子即告母曰：若如是者，汝当沐浴。即以瓶水注其顶上，口念浴佛偈颂而灌浴。自亦觉身离诸垢秽，安乐非常。醒已，其身轻利，其心快慰，便疑梦中所梦为何相耶。又父及邻舍诸人于其梦中，见诸僧众，从拉萨迎请释尊（传即文成公主由唐请去之佛像），置于父舍。又诸日中，三光同现，或雨妙花，或焚妙香，或闻空中奏诸音乐，或地震动。如是种种希有瑞相，是诸人所共知者也（以上皆丙申年事）。

次丁酉正月初十夜，母于梦中，见有无量

不可思议僧俗男女，擎持种种幢幡乐具，咸云迎接观音菩萨。其母遍观四方皆无所见，次仰视空中，见云间有一金身，高大如山，光明如日，照一切处，宣诸法音。复有众多天子天女，庄饰圆满，前后围绕，渐次下降，身亦渐收。及至顶时，量仅一拃手，形极端严，入已身中。次诸围绕，及诸迎者亦入自身。更有诸余见闻有情，礼拜旋绕，供养称赞。从次日后（十一日），智识明利，快愈常时，一切时中，任运于身，珍重爱护，清净梵洁。此即大师入胎之晨，亦即释迦能仁于室罗筏城现大神通，降伏六种外道，受四天王供，世尊现身遍四王天乃至有顶，令见闻者，皆发无上阿耨多罗三藐三菩提心之纪念日也。

其梦相中，执瓶童子，持镜童女，后谓是观

音及度母。人胎满足九月十日之后，临降诞时，其母梦中，见多僧众持诸供具，谓往供养供堂，问云：供堂何在？语未已，昔所见之白色童子已来，手执一水晶钥匙，答云：供堂在此。即于母之胸中，启一黄色小户，自内取出前次入内之金身。其身稍粘垢染。前见之红色童女亦至，洗以瓶水，拭以雀羽，复以梵语种种赞咏，诸供养者供养彼身。大师之母从梦觉已，时为明相初出，明星现时（此明星指七曜中之金星，此星于诸余星中最光明故），安然降诞。此降诞晨诸传中多未明记，依入胎日算，当在十月二十日以后。大师圆寂系十月二十五日，降诞亦有谓在十月二十五日也（今此书所传当在元顺帝二十五年岁次丁酉）。其诞生之次日，于彼境中，有一修恐怖金刚（马头明王）得成就之喇嘛，号曰义成宝，彼以通力了知，即以甘露丸药和诸食物为丸，及一有加持之恐怖金刚圣像等，使一具戒清净之近住弟子，送来庆贺。后时其父见彼喇嘛，问其所以，告曰：我前（丙申岁末）于梦中见本尊现身，祈其加持，并请数数现身，本尊即面向宗喀巴告曰：明年此时，我来此处，于此中间汝当安乐而住。说已即去，醒觉后未解所说，遂入定观之，当时现生者，为汝此子耳（此亦足证大师即文殊化身而无疑也）。

大师生已，截脐带时，滴血于地，自然生一株白旃檀树。其树叶上，有狮子吼佛形像，或曼殊五字咒文，渐满一亿，遂名其树曰（王+（六/允））嘣旃檀。后于彼建寺，亦号（王+（六/允））嘣（二字分读，前字音姑，译曰身）。后字音嘣，译曰亿。二字合时，即变音为（王+（六/

允))嘣，译曰十万身像。(诸不善藏文发音者，或曰古母巴等，误也)此寺之住持喇嘛，为大师父亲之转生，即现住北平雍和宫之阿迦胡都克图。此种瑞应事迹，现犹可朝观，勿容疑也。

大师顶圆如盖，额形宽广，眉目秀丽，玄丹丰裕，耳肉长垂，肢节充整，诸根明利，肌肤洁白。世人见者，无不称悦。虽在童年，远离愚童之恶风，厌离放逸之俗习。于诸恶行本性严慎，见诸有情爱语庆问，舒手将护施诸贫匮，悲愍实语安慰无依，智慧渊深，惟法是求。如是种种诸菩萨行，任运而行，犹余儿童吸饮母乳，无待师教也。总之，身语意行，惟妙离恶，地上大士欲隐反显，故当时世人，皆共唱言，此若非佛，则定是大地菩萨，为利益众生、住持圣教而来应化者也。

大师之出家

大师舍家出家，入佛门中，渐次游行求闻思修等，如《本生论》云："居家如牢狱，永莫思安隐，贫穷或富贵，居家如大病。"又云："若行正法失家业，若住俗舍岂成法；正法事业极寂静，家业喧杂岂得成？既与正法相乖违，欲利益者谁贪著！"大师亦观家庭犹如牢狱、火坑、蛇窟，常欲出离，只以年幼未能如意。

己亥年，师三岁时，有噶玛巴·若比多杰，应元顺帝之请，自藏来内地，道经师处，为师授居士五戒（三岁本非受戒年，盖知器宇非凡，故特授之），赐号庆喜藏，更授记云："此童子后往藏中，住持正法，犹如第二能仁也。"

是年，父请义成宝大师来家，义师多赐资财，告其父曰：愿汝将儿惠我。父如师教，将儿奉施。此后乃至未入藏之前，皆在义成宝大师处依止而住。师初至彼处，于应诵习之经论，未待师授，仅以智力思察，诵读如流，全无碍滞。当未出家前，义成宝大师即令入怖畏金刚、胜乐轮、欢喜金刚、金刚手等大曼陀罗，传授灌顶，密号曰不空金刚。是时大师即能受持一切密乘律仪诸三昧耶，犹如目珠防护无犯。得灌顶后，未出家前，遂将胜乐轮喜金刚阎曼德迦等仪轨，受持于心，数修胜乐，毫无懈怠。其余之本尊瑜伽念诵次第等，同时俱修。又如师教，修曼殊心咒五字明多次。时所居室中石壁上，多现五字明之字迹，宛如写成。癸卯年师七岁时，两壁之金刚萨埵，即常于梦中示现。阿底峡尊者，亦梦中常至（阿底峡尊者诞于宋太宗七年岁次壬午，宋仁宗二十年至藏，寿已六十有一，仁宗三十二年岁次甲午九月十八日圆寂于那塘时，寿七十有三。尊者圆寂后三百零二年，宗喀巴大师始生也）。后师至藏时，谒尊者像，与梦中所见无有别异，此即显示大师受持阿底峡尊者之遗教，令不隐没之前相也（此中仅述梦中所见，其实日中亦常见，如《宗喀巴大师秘密传》中说）。师观三世犹如电闪，刹那坏灭无可久持，三苦暗夜除遣极难，覆蔽一切殊胜功德，六道有情常迷此苦，更见出家修净梵行，乃释迦师子之无上胜轨，三世诸佛皆依此出离而成正觉。称赞出离，呵责居家。然我何日乃得出家耶？如是希愿常无间断，犹如天众趣欢喜园。至七岁时，乃依具足教证功德海无上无比义成宝大师，为亲教师，依显密德藏大善知识童子菩提为阿阇黎，受沙弥十戒，法号贤慧，名称吉祥。于一切轻重学处，殷勤防护离诸垢染成妙梵行，庄严沙门，为出家之宏范矣。盖义成宝大师早知大师当为法王，故自幼年殷勤将育，犹如培植药树嫩芽，亦如轮王爱顾长子。为令开发智慧故，传授曼殊师利及妙音天女等仪轨修法，若显若密一无所吝，悉皆授予，大师后入藏时又广备资粮。故大师常云：义成宝大师恩德最深，虽父母之慈爱，亦不过如是而已。义成宝大师赴藏两次，显密教理通达无遗。特修阎曼德迦获得成就，建两伽蓝教导末学。在世之时，屡现神通，记莂一切。临终之时，天乐天花无量供养,世共见闻,于虚空中发音声云:从此去已,当往北方鼓声佛土行菩萨道,云云。

大师入藏学法

大师复作是念，我今于佛善说法律中而出家已，如来所教惟有二事，谓读诵闻思及断惑修定，于二事中，闻思尤要，故应先依诸善知识，听闻思维，断除疑惑，后于取舍修习，极善了知，渐次而行，以免谬误。若不尔者，自无知解，造次而行，犹如生盲，往未经之路，不仅不能至所欲处，且有危险，故须先于显密教理学习通达，方可修习一切禅定。学习之处，亦以雪山回环，四时调畅，夏无极暑，冬无严寒之地为宜。初由诸大菩萨兴建正法，次有诸善知识住持增广，乃至现今教证法流，卫藏胜地尚有其人，故往藏地修学，优美极矣。虽长途艰辛，全无怯弱，犹如萨陀波仑参访法上菩萨，不顾一切而往依止。亦如善财童子趋向南国参诸知识，不辞辛劳也。由此大师决定进藏之志，时义成宝大师亦加勉励，遂于壬子岁师年十六（明太祖洪武五年也），具足无量踊跃，发大欢喜，如诸鹅王往游莲池也。将起程时，义成宝大师告曰：我今想为汝说一种法，汝何所欲？师白曰：请赐一种于心最有利益之教诲。义成宝大师具足神通力故，即以未来之记莂，而作教诲，告以初应闻思，次应修学，再次以所修法义应如何成熟有情，住持佛法等，皆以偈言而诲之。大师不仅记其义，且书其文句，具如传载，恐繁不录。总其教诲应学之程序，初学慈尊之五部论,次习法称论师之七部因明,进学破离边执之中观论等,后遍学一切显密等法。令入藏地,依此次第,渐次修学。大师从义成宝大师所受之显密诸法,除前略述者外,尚有金刚界顶、法界语自在、不动、大随求等下三部(藏中密法有四部)之梵译经论、建坛仪轨、教授法等,及无上部之三种阎曼德迦、三派传来之胜乐轮、金刚手等。义成宝大师更诲云:防护灾难者,为金刚手等;增长智慧者,为曼殊五字明等;增益福寿者,为无量寿如来等;成就顺缘者,为多闻天王等;防护一切人非人之损恼,授予一切成就者,为六臂摩诃哥罗等;此皆为我之本尊,今授于汝诸尊行法及供养等,当依教修持,切莫间缺云云。大师受教后,初能依教奉行,次赴藏途中及至藏后,住极乐寺等学经之时,因诸不便,于多闻天六臂依怙秘密主等，时有间缺。由此之故，初学经时，顺缘稍乏，并常为诸病所恼。大师云此皆未能全依师命而致也(故后时于金刚手等修持，未敢间缺，大师岂容有违师教之过尤，但为警策后学，故示现耳)。又于尔时，义成宝大师为欢送宗师故，陈设坛场，启白一切护法圣众，以一握青稞，供献坛上，诸青稞皆光明晃耀，形如珍珠。义成宝大师喜曰：当成佛法教主之兆也。是时师徒虽以恩惠甚深，不忍别离，然以入藏事重，不宜强留，惟有至诚发愿而已。大师于出发前，礼辞义成宝大师，留恋座前，有依依不舍之情。义成宝大师劝慰后，互道珍重而别。大师于长途跋涉中，因平时诵习力故，任运持诵《曼殊师利真实名经》而行，时或忆起义成宝大师之恩德，辄泪垂如雨，回顾大师之方所，每思回返时，诵至不退不回还之经句辄止。此亦大师后时不归乡井之前相也。时同行助伴，有前藏止贡寺中之化缘喇嘛，名宝吉祥，与师共道，更有舅父二人，及余赴藏行人为伴。进藏之路，系绕南路而行。大师道经昌都住宿一夜，时十六尊者及摩诃哥罗现身。后大师教法流行西康，有慧贤菩萨者，于师宿处建寺，即今之昌都喇嘛寺是也。如是渐次进行，至年十七，岁次癸丑秋季达止贡寺，朝礼止贡仁波卿，即于座前所受大乘发心仪轨、大印五法及止贡喇嘛之著述，并纳若六法等甚深教法。次在师本意，欲先往极乐寺，学诸广大经论，因伴友之劝请，同往公塘（地名）。该地有一善巧医生，号宝依处，从彼受学八支医书（马鸣等所造）及梵藏一切注释，并实习一切手术，未经久时皆得善巧。后大师偶有失调之时，虽有十数名医为大师诊治，然当用何药，如何配制调均寒热等，仍须请问大师。医师皆云：现在藏中善巧医术者，无能过于法王仁波卿（是师之尊称）者，我等亦因略趋足前，听受诸药性差别等，较昔年所学，进步多矣。师住彼未久，因急欲广学慈尊、无著、龙猛、提婆等诸大菩萨之圣教故，遂往极乐寺（此寺在拉萨之西，止贡及公塘皆居拉萨之东也），从极乐住持善满及上座吉祥狮子座前听闻经论。其读诵阿阇黎（每日读若干，皆须于阿阇黎前背诵，故此种规范师，却类律内之教读阿阇黎也）。则依大善知识德海为正，大阿阇黎邬锦巴为副。善巧习学《现观庄严论》之本（颂文）、释（天竺狮子贤论师造），仅十八日，释文俱熟。次更听受绛嘉之释（此书重释狮子贤论师之释），未经久时，文义尽善。时诸教师及同学者，莫不于师慧力深生希有之心。大师在故乡时，曾已学习《大乘庄严经论》，并为他说，近极乐寺有号曼殊宝大善知识，极善慈尊诸论，故又依彼听受《大乘庄严经论》等。师住极乐寺时，有萨迦教主福幢赴法城寺（去极乐寺不甚远），往礼之，从受曼殊五字明及古[王+(六/允)]（摩诃哥罗之一种）、结缘灌顶等法。如是住极乐寺两年，习学《帕勤》（即《现观庄严论》之略称）最极善巧。

岁次乙卯，师年十九，往桑普（寺名）等寺，游诸辩场（藏中学经得善巧已，往余寺中立宗，寺中诸师设难辩论。现今藏中三大寺等处皆行此法），智慧圆明之美称，由是遍扬矣。次往后藏，初欲直赴萨迦寺，因同伴关系，暂绕路经仰垛而往雅炉。从雅炉住持宝胜善知识，受胜乐十三尊及阎曼德迦五尊之灌顶。次在萨迦寺，时萨迦未讲经，遂往萨让，依慧幢师前听受经论。至萨迦讲经时，往彼依帕勤立宗。次往拉垛绛（地名，萨迦寺在后藏之西，此地又在萨迦寺之西北。）诸寺立宗。后至觉摩囊（寺名），于尊胜大师前，受六支加行（时轮金刚法）等法。又趋薄栋（地名），回路经吉蛾雷（寺名），于彼寺住持前，受迦当朗忍之传承。次游蔼寺辩场立宗已，回纳塘（地寺同名）。前学《绛嘉帕勤释》时，内中多引《俱舍论》文，稍难解了，以此为缘，欲学《俱舍》，故于纳塘寺义贤师前，听意乐贤之《俱舍释》一遍。大师智慧广大，非少分义而能满足，故意犹未尽。时见彼寺一格西处有庆喜吉祥之《帕勤释》，较前所学之《绛嘉释》，显了易解，生欢喜心，遂欲往庆喜吉祥大师处，重闻《帕勤》。更见彼释中，亦引有《俱舍论》文，诠释甚显，念云：此师亦决定善巧《俱舍》，随回仰垛少住，后往内宁（寺名）立帕勤宗。

丙辰年，师二十，夏住泽勤（寺名），依大善知识庆喜吉祥仁波卿前，听闻《帕勤》一遍。时彼大师意辩明利，应释尽释，善和机宜，具足无量善巧者相，大师对师生大欢喜敬重之心。尔时更请讲《俱舍论》，庆喜大师云：我于《俱舍》，原亦善达，近来无诸学者，故亦稍疏，若讲则须参阅各家著述，近身体失调，且正讲授《帕勤》因明，恐不能速办。我有弟子名仁达瓦（仁达，地名）童子慧者，人皆重之，智慧明利，善巧《俱舍》，汝可往彼处听闻。若不广释，可请依文指受，如是数数勤勉，必获利益。大师与仁达瓦师前已相识，适于彼夏，由萨迦寺来泽勤，因此得依仁达瓦师，听《俱舍世亲菩萨自释》（即汉译《俱舍论》）指授一次。仁达瓦之讲法，非仅依文释义，实将全论要义，前后配合，能将一切关要，直授于学者心中。大师起彼最大清净心，于其所讲一切，虽仅一次，文义皆了，并将论中最难之处，请问抉择，引夺师意，起大欢喜。仁达瓦大师曰：为汝讲授，实须慎也。

按：仁达瓦者，童幼之年，智力成熟，厌患世法，消除贪嗔。观三世如蜃楼，游胜行（菩萨行）若幻网。童真出家，善习圣教。其经论之传承，虽必依师，然一切显密经论之深义，则仅参阅一两次，便能善配置，本释正体，悉无紊乱，并以正理引申，教诲后学。中观因明，时多隐没，自以慧力开阐正轨，雪山之中智识无与俦者。师之行证，于增上戒学离诸误犯，真菩提心，无间现行。观诸有情，犹如赤子，但顾利他，不顾自利。视火如莲，于密乘无上瑜伽生圆二种次第，获得坚固之三摩地。共不共德，无与能等。以是力故，爱乐善品之天神，现前承事，赞言善哉。习有一时，发愿讲释，教导后学，于其夜分，见虚空中龙树、无著等诸大论师现身，系四大法鼓，声满世间。如是等殊胜功德，说之难尽。宗喀巴大师之《辨了不了义论》及《性相理门论》诸书，其思想皆依此师为基础。故宗喀巴大师生平敬重此师，为诸师长中之最上者。

如是从彼听《俱舍》已，虽更无余义可明，但为顺其讲辩之轨，又重闻一遍，至泽勤夏季法会解已，秋季师徒共赴拉垛（地名）桑灵寺，听仁师讲《入中论》一遍。时闻有已得成就瑜伽自在、善达五明之译师，号菩提顶者，冬季法会在前藏布达拉（即现今达赖喇嘛之住处）讲《集论》，大师知彼为藏中《集论》一代之主，故决定于开讲时，赴彼听受《集论》。至秋末自拉垛赴藏，至布达拉请其讲授，已蒙慈允。然因寿腊高迈，法眷又劝请速归，遂赴后藏，路经法城寺，大师亦随之。虽未能如愿听受《集论》，然亦略受余法。是年冬住极乐寺，次在觉摩隆（地名）善巧四部难论之慧明大律师前，听闻《毗奈耶根本经》（德光论师造）及其释论，并一切支分，随其所授，了解无余。每日听闻之余，受持《根本经广释》十七大页（每页二十行，共译汉文可成两卷，大师之念力可见一斑），悉无间缺，亦无忘失（师自此已后任学何经，每日读十七页以为常课）。大师随众上殿修持，众诵般若行法时，师亦以般若为课诵，心住于诸法幻现无实之义。至众高声诵余法时，亦未能惊乱大师之定心，心亦不起少许分别，惟于明了性空无执之中，专一而住，离诸功用。至课毕，始出定。时众皆生希有之心，念云：我等末法有情，虽闭户专修，动经多载，亦难使一念安住，况缘空性。大师闻、思、修三事并行，实属希有也。

时在受持《毗奈耶广释》四十余卷之间，忽觉（留难之相）背之上半身，粗猛疼痛，遂往垛垄朴有一善巧邬仅宁主（一种密法名）者前，受却病教授法，修之不效。次回极乐寺。稍有口舌，师生厌离，遂与数人同赴后藏。本意直往萨迦寺，只因途中严寒，道复遥远，故暂住内宁寺过冬。时内宁之学者及随师行者，力请讲授《集论》，师初于《集论》未专研究，今略参阅，义皆通达，遂依自所知讲授一次。

至戊午年春，师二十二（洪武十一年），绕纳塘赴萨迦寺，时极尊仁达瓦（“极尊”二字是尊敬辞）亦在萨迦寺听道果。此后经十一月之久住萨迦寺，依极尊住。极尊仁达瓦于听道果之期中，为师评讲《集论》一遍，复于彼时以《释量论》（法称论师造）为主，兼讲《入中论》（月称论师造）。又诵授律藏等经论之传承。同时依金刚宝大德前，听闻欢喜金刚第二品萨迦派之注释。时彼处有一善巧诃字法之老格西，极尊仁达瓦亦劝请大师从彼前请求教授，住静处修之。自此以后，所有病患痊瘳无余。

复次，师徒同往拉垛绛囊仁（寺名）寺度春夏。极尊仁达瓦著《集论》广释曰《善说海》，授于大师，大师又请详讲《释量论》一次，复受桑都本续及五种次第(此皆密宗无上瑜伽)。秋间家乡寄顺缘至藏,为领取故,自囊仁经萨迦而回前藏。收取之后,因友伴之请,及慈母书信悬念之言,意欲返乡一行,省视亲属,故略学回乡所须之散教授。时忽念云:利少过多,以此何为? 遂立志决不回西宁,世间爱顾,深心厌离。后慈母数数致函请归,并带白发少许,色如螺贝,告云:念我年已至此,念汝心切,归来一聚,是盼云云。师念回家实无大益,随绘自像一张,寄归慈母展而观之,其像呼云阿妈,慈母观此希有境象,生起无量信敬欢喜,觉与亲见大师无异,悬念之心遂息。大师于一切恭敬供养承事礼遇等,皆视同幻化影像,虚伪欺诳,无常变坏,不可保信,不须功用,厌患之心,任运现行。是年秋往梅卓拉垄喇嘛福称前,听受多种经论。次闭关静修，兼阅《释量论》之广释(书名《正理藏论》)，以见第二品道建立为缘，于法称论师之著述理路，引起无量不可压伏之猛利信心，发毛战竖，雨泪惊垂，后凡阅《释量论》等时，无不尔也。《瑜伽》亦云：有大乘种性者，闻空性时，悲喜交加，不觉泪流，自恨其晚。《入中论》等亦作是说。师之信敬，亦可见也。昔藏中讲七部《量论》及陈那《集量论》者，仅知为辩论方式，以为成佛证解脱之道，则非此中之所有(国内想亦多同此见)。大师以无垢智力，总观一切因明诸论，特见陈那《集量论》、法称《释量论》等，摄尽大小乘一切修行次第，悉无错谬。道错固无果，首缺亦然。且如种谷，必须其种，然水等有失，实亦无获也。任求何果，悉不能舍此他求，故于陈那、法称等诸大论师发起不共信心,实非他人之所能也。是年冬季法会,住极乐寺,元帝太子帖木儿致书并供物于座前,师酬书谢之,此为大师与王家通讯之始也。次意于明春法会时,游诸辩场,即于此间阅习旧课。

至庚申岁,师年廿四,赴后藏。过纳塘时,义贤大师适著《释量论释》,令师往听,师如命听受一遍。夏季于纳塘寺立《释量》《集论》《俱舍》《戒律》四部之宗,复于彼时依极尊仁达瓦之喇嘛号庆喜吉祥(此人非前听受《帕勤》之大善知识庆喜吉祥也)者,听受萨迦轨之喇嘛囊决,及彼松索摩。又从虚空瑜伽者,受苏迦悉地法等。次于秋间,闻极尊仁达瓦赴薄栋,师亦往蔼寺,从空贤译师学习《宁哦梅隆》(诗词)等。其主要目的,则为依止极尊仁达瓦(仁达瓦当时亦住蔼寺)温习《入中论》《释量论》《集论》

《俱舍论》等，对于《帕勤》及《戒律》，又请极尊仁达瓦重讲一遍。除讲《入中论》外，其余《中观宝鬘》等重要论，未得传承及讲授者，从纳塘住持庆喜幢前，受性宗一切重要经论之传承，复从极乐寺妙宝师处听受一次。总而言之，当时藏中有性宗诸论传承者，亦如晨星冷落，况求能解释讲授者哉？现今藏中讲习性宗诸论者，无处无之，斯皆由大师得传承后之恩赐也。

次师徒同赴萨迦，大师依前所述之四部难论立宗（师于此时可立十余部难论之宗，只因诸辩场中未兴余论，故未立余宗耳）。次年辛酉回前藏，春季自贡塘渐游桑普等诸大辩场，依四部立宗（帕勤已立毕）。对宗喀巴大师慧辩锋芒，理教渊深，释难则势如破竹，酬问则语同扣应。前后藏境诸大梵林，或通解三藏之高德，或专持难论之善士，莫不领教心欢，答然悚然，师则智深而慢浪自息，悲重而浮执尽殄也。

以上是学习显教时代中略录少分，师所学之经论，实非限于此少文之中。且如学《现观庄严论》时，同时即兼学慈尊其余之四论、《十万颂》与《帕勤合释》、《八千颂摄义》，无著世亲二解脱军（师徒二人也）等所造之《二万颂》与《帕勤合释》，狮子贤论师所造之《帕勤释》《八千颂广释》《八品摄义》等二十余种梵译释论，学《释量论》（因明类）、《入中论》（性宗类）、《俱舍》、《集论》、《戒律》等时，亦莫不兼及其他也。总之，凡藏中所有者，或兼听闻讲授，或仅受其传承，皆深入大师智炉圆融无碍。又藏中佛法中兴之时，诸宏扬戒律者，曾倡带黄帽之事，今大师受本尊之记莂，随于此求学圆满时代，亦改黄帽表扬，以宏持戒律为宗旨，对治不守戒律，慢持密法之弊也。

受具及遍学密法

如前所述，宗喀巴大师游诸道场辩论正法，当尔之时，便能以善巧学问、清净戒行之功德，引生学者之信仰，追随大师听受法要也。大师尝云：佛法藏内，七众戒中，最为无上者，厥为苾刍律仪。即此律仪，便是显密二种大乘律仪之基础。正法是否住世，亦惟视其能否依此律仪建立佛法而定。故大师于雅墩（地名）恭请错勤波（寺名）住持戒宝律师为亲教师，错巴吉津（寺名）住持慧依律师为羯磨阿阇黎，吉津寺维那金刚福律师为屏教阿阇黎，并请二寺中持律苾刍为证戒僧众，由是正受苾刍戒律。清净尸罗充满身心，一切人天咸共称庆矣。

大师于受苾刍戒后，往特（寺名）寺拜见名称菩提仁波卿，请问法义，并祇印证所学。大师学识深邃，致令仁波卿深发信敬，相谈之顷，不觉涕泪。后尝对人前赞大师云：如斯英俊，方能成就如是大功德藏，诚为佛法前途之救星也云云。对大师于仁波卿前，听受道果之传授及纳若六法，帕摩竹巴著述等。时有译师号虚空贤者，由名称菩提仁波卿迎请来寺，大师欲依彼学梵文声明等，以因缘不具未果，后乃从学。次岁名称菩提仁波卿圆寂，大师受道俗诸人之请，为名称作传，其文辞藻，咸称绝妙。大师于此一两年中，曾于桑普寺修妙音天女法，感天女现身说法，讲授一切仪轨。故大师所造之瑜伽部及无上瑜伽部诸圣赞文，和雅恳切，最为殊胜。大师善巧声明之事实，阅大师著述中赞咏类，即可知也。

次往闻道场，为语自在称等及诸住持正法者，讲演《帕勤》《因明》《中观》诸论。次往前藏，住刹（寺名）寺，阅经论两藏，引生无量观察妙慧。大师年三十二，首造《现观庄严论师子贤释广疏》，曰《善说金鬘论》（译汉文约五十六卷）。住刹寺时，偕语自在称为侍从，往拉萨大昭寺大悲圣像前，受大悲斋戒多日。时有一夜，殷重祈祷，求示梦相。语自在梦有两大海螺，从空而降，落于衣中，落已无间，合而为一，取吹之，能发无量广大音声（此梦相预兆彼未来在西康嘉绒宏扬正法，做广大事业也）。大师梦中，上升纳塘（地名）牙常牙拉（山名）之陟岩，见一平洁白石板，上有一枝青莲花，其花盛开，颜色鲜美，瓣无衰萎之相，茎干俱全，以手取之，念云：此乃度母之三昧耶形，何以在此，抑是菩萨摄受相耶？忽闻有声云；非也，是寿相也。

大师自未详说，但细思维，实表大师超出生死之陟岩，高升解脱之圣道。洁白石者，表大师意乐，离自利垢染及烦恼粗涩也。青莲盛开、颜色鲜美者，表大师智慧增广、光显圣教也。花有柄者，表正法久住。大师取持者，显广事业皆由大师亲自住持成办也。

讲学宏法

次返刹寺，至冬季法会时，往极乐寺，为诸求法僧侣宣讲法藏。春季赴贾地，于七十余善知识中讲《因明》《帕勤》《入中论》《集论》等。次还刹寺，续造《帕勤释金鬘论》。后于极乐寺，方著圆满。时刹寺中有一实证大德名曰智幢，显密经论皆遍通达，《时轮金刚》尤称善巧，师请传授，诺之。遂俱往觉摩隆，广讲《时轮金刚无垢光大疏》，并学习一切事相及其中所说之算数等。尔时大师亦兼为诸大善知识讲授大小乘经论。次岁夏，往极乐寺，为众讲经。冬季住垛垄错梅，修时轮金刚法，兼为随学者宣讲经论。

前宗基（地名，在前藏之西）宝称仁波卿，久仰大师，数数迎请，大师见彼殷勤，遂往焉。至罗刹山时，贡迦法王亦久仰大师之德，殷勤留驾。是春即住锡五明道场，为七十余通达三藏之法师，讲演《帕勤》《因明》《集论》《俱舍》《苾刍戒》《入中论》等，无量承事供养，皆由贡迦法王供给。次赴雅垄（地名）住门喀寺，讲演经律，一切生活事缘所需，皆由宗基宝称仁波卿所供养也（此数年中，亦间为学人传授密法）。冬季住门喀札喜栋（寺名）。曾有一晚，共诸善知识围炉向火，谈论先觉传记云：昔大善知识慧师子于一法会，同时能讲十一种经论（每日讲十座，每座讲一种），释尊末法中，佛法难闻，藏地讲经之所，彼讲为最多也。时善知识霞顿等请曰：若尔，吾等亦请大师同时讲授尔许经典，大师垂许否？师曰：若稍励力，或亦能之。诸善知识恭敬劝请，师亦允诺。即于次日（初十日）闭关，温阅参究一切经论，至三十日结束众论，定于初一日开讲。

时桑普等处，诸大善知识，闻大师将于一日讲十一种经论，无不欢喜，相继来会。有来法会恐不及者，则纷纷预先来信，请大师慈悲，将开讲日期稍延数日。大师于四日以内，略讲诸散论。自初五起，十五种大论同时开讲，于日日中，从朝至暮讲十五座，曾无间缺。于此殊胜法会期中，所讲诸论小部者，讲毕两部，重加两部，以续其座，共讲十七论，谓慈尊五论、中观五论（《中论》《回诤》《六十颂》《七十颂》《细研论》)《集论》《俱舍》《戒律》《因明》《入中》《入行》《四百论》是也)。讲此十七论时,每论各依一广释为正宗,取余释为附属,诸家同异一时抉择,凡经三月法会乃圆。在此法会期中,每日晚座讲毕,仍修阎曼德迦二次第瑜伽,未尝间缺。时诸听众,咸共赞云:大师若非为本尊加持,则是获得总持菩萨而无疑也,非然者不堪任此大佛事也。大师又于某一时,曾于一法会,讲二十一部大论。同日开讲,亦复同日圆满。又因极尊仁达瓦劝勉,住极乐寺等诸大道场。凡七年中,讲说无量经论,教诲后学。每会讲时,多同时讲十部以上,每部又摄取数部之注释,其繁乱可知,而大师独能自在裕如,其慧力之大,亦可想见矣。又大师将专修之年(大师专修之事迹,下文广录),曾合讲二十九部大论,一切缁素，赞为希有。

彼夏季住雅垄满迦札（茅棚名或寺名）闭关，修薄伽梵胜乐轮法，每日四座，并修内古六法等，生起无量内证功德。

秋季返拉萨时，极尊仁达瓦亦来拉萨，师徒共住补达落（即现今达赖喇嘛住处）研究法义，并教授学人。次极尊返后藏，大师冬住觉摩隆岩，为无量受持三藏法师讲授《时轮》《帕勤》《因明》《集论》《俱舍》等。

获得龙树甚深正见

庚午年，大师三十四岁。是年春（明太祖二十三年），大师欲学金刚乘讲授、灌顶、密传、事相等法，并欲与极尊仁达瓦研究法义，遂赴后藏，住拏其垄从错（寺名）寺，住持名称知识授五种次第密乘法类。时有西宁喇嘛善中观者，号精进狮子，住锡于胜乐上阿兰若，大师之弟子三藏法师福称与大善知识慧称往谒请法。喇嘛中观师云：我须从汝之阿阇黎（指大师）前，请妙音天女之结缘灌顶云云。次与大师相会，请妙音天女灌顶法。尔时详谈法义，喇嘛中观师云：自从童年，文殊菩萨即常现身说法，曾以种种方法，考其真伪，然至今常未敢决信，请大师考察之。今日之来请灌顶者，亦因教而来也。大师即以中观等甚深法义，善为观察考问，觉其所得境相为真，告曰：无须疑虑，只须殷重祈请。然本尊之真实身语，非现在根识所能见，惟意识境。我亦很想请文殊菩萨修法与教授等，惟现在极尊仁达瓦，将至大仓，我师徒必须相会，时间迫促不能如愿，以后必须请受也云云（喇嘛中观师之传，下文略录）。

喇嘛中观师，是文殊菩萨亲现身说法而摄受者，原无丝毫虚伪，然犹不敢自信为实者，系见末代有情略见幻相（乃至梦相）全不加以考察抉择，便执为真，随教妄为，误入魔境，毁坏正法，悲愍此类有情故，于大师前请教，互为印证也（法尊按：我辈薄福众生，终日已随魔境转，想无格外魔事可招，但或如贫妇遭灾，更遇魔境，见鬼魅现相等，亦必须深加考察，专仗三宝始能无误也）。

次大师往大仓，时有译经三藏法师名称幢，与译师义贤、极尊仁达瓦更有随来之诸大善知识及寺内原住僧众，共集其一切所需饮食卧具等，皆由大持律沙门、诸佛长子、通达众经、荷负圣教、远离下劣心、进取大士行之译经三藏法王胜依吉祥贤所供给。尔时称幢法师讲《帕勤》，胜依法王讲《欢喜金刚经》，极尊仁达瓦讲自造之《因明广释》，大师听受并广抉择重要难处。次师徒同赴巴邬巴那，大师依极尊座前听受《集密根本大教王经》一遍。时大师欲往贡松法吉祥（或译法德法胜）前听受《时轮》，其夜梦中，闻云法吉祥从布顿仁波卿听受《时轮》凡十七遍。后大师谒时，问云：师从布顿仁波卿，听《时轮》几遍？师云：凡十七遍。与梦中所闻恰相契合。时极尊仁达瓦云：汝学密乘何其过急，现在讲演显教有广大饶益，宜先事讲说也。师答曰：我深乐密法，以是欲先求学密耳。

次极尊往萨迦寺，大师则返其垄，与喇嘛中观师相会。喇嘛中观师在垂髫时，身中心处，自然发出文殊五字明之声音。曾有一次因发声过大而闷厥，苏已，见文殊菩萨伫立于前，其身黑色。次请文殊菩萨之灌顶法修之，菩萨数数现身说法，然未敢自信为实。次赴藏求学于桑普寺，初学《帕勤》获得聪智名已，意欲游诸辩场。本尊谓曰：可将一切资具，供养僧田。师云：若尔，则求学何给？曰：有宝藏可取耳。师即如教舍众具已，请曰：宝藏何在？曰：我劝汝舍离世事，专修善行耳（本尊以善行为宝藏，诱令舍离名利之贪也）。师即如教舍离事业，住工布（地名）学迦马岗仓之法，并学大印等，而专修之。时本尊现身说法，较前更为明现坚实。

本尊所现身，若如镜像、幻化、霞光等相，不类血肉之体，是为不显不实。若所现身类似肉体，是为显了坚实也。此种现身，或由行者善根显发，或由观行者观想幻现，以为眼根之境，即名幻现非真实身。其所现实身，为意识境，必须行者三摩地成就，方能见也。诸学密者，必须知此，方不致为魔所惑耳。

次往桑耶寺，从错迦瓦学时轮六加行。尔时本尊幻化，愈见明了。次请吉祥山喇嘛童胜为考真伪，彼以道果中之密传教授考问，本尊一一解答,如经所说。彼云:观此答复,是真本尊云。

次欲往后藏时,后藏有巴哈二人最负盛名,师问本尊云:依谁?本尊答曰:汝可自往,至嘣错栋时遇一苾刍,可如彼教。至已,果遇一苾刍,问之,曰:可往巴惹瓦处。至已,习学大印等法。极尊巴惹瓦,是最有厌离心者,以彼为缘,师亦深发出离心,对现世贪著任运减少。次如本尊所教往萨迦寺,依极尊仁达瓦听受《中观》及《戒律》。次东返住其珑,即与宗喀巴大师相遇,从大师听受《入中论月称释》一遍。

总之,本尊文殊菩萨为善知识,每晨觉已传授一颂,未尝间缺。并视教修出离心、菩提心、正见等法,身心烦恼,何者粗猛,必先对治,即一切行止悉依本尊所教而行。师精进无量,故所证功德，皆非余人所能思议。尔时本尊曾教授三有涅槃平等之正见，名曰金刚语句，谓依种种缘起，当了真实义，最初修归依，集福净诸障。修顺逆缘起，观身语意性，甚深教授等。修行菩提者，安住三摩地，身语意诸蕴，斯皆无有我，离彼亦无我。修行菩提者，当知无我义，谓观蕴界处，显空及生死，涅槃缘起等，斯皆无自性。远离生住灭，有无皆非我，超言说戏论，深静无分别，知者般涅槃（因文之便，译增三句。此颂并有长行释文，现存宗喀巴大师著述中，约译汉文两卷）。总摄三藏要义，甚为希有。师圆寂后火化时，火焰烟云皆成宝剑及青莲花形，舍利无量，其色红黄（是文殊菩萨色），净如水晶，更有多数舍利合为成六辐轮者，辋毂俱全，甚为希有。

宗喀巴大师，遇如是功德无等之大善知识已，请受文殊无量法类。尔时大师，请喇嘛中观师为传达，请问文殊菩萨多种深义。大师思维，若未得中观深见，如同未得道之命根。然得亦甚难，倘或倒执，其错谬之过患，尤甚于常见。故寻求正见之心，可与萨陀波仑相比也。尔时所问，亦多为修正见之枢要。文殊菩萨云：幻有与真空二品，绝不可生远近之心，犹须特重于幻有也。

学空堕断者，必拨无因果，毁谤世俗谛，此过有甚于执有。世俗既坏，胜义焉存？幻有真空，必须互依而立，故二谛俱是缘起法（观待设施之缘起），此乃中观特具之胜义也。后时住欢喜面时，本尊亦数数教授此义。当请问时，菩萨略辩中观二派（月称、清辨）之差别，与俱生分别二种我执所计之我，及以比量智所破之粗细分齐，通达正见之量，月称派建立世俗谛之方法等。又略说显密二乘，共道不共道之差别，无上瑜伽部集密圆满次第中五种次第之体性、次序、数量、决定等极难通达甚深之义，大师请云：今犹未解。菩萨嘱云：此等可暂为书写记之。于喇嘛本尊，殷重祈祷，修本尊法，集聚资粮，净治业障。于诸经论，详细观察，常恒无间，精进莫懈。以吾所说之略义，为增上缘，必能速疾通达也。时大师深欲了解龙猛菩萨之中观正见及《集密》等，请问云：藏中能教授彼义者，孰为最宜？曰：无过于仁达瓦者，然彼亦不能尽断汝疑，故惟有以喇嘛中观师传说为最宜，但中观师不久将返康地，故汝今宜暂不讲说，静虑深修，不久即当通达也。又请问云：月称论师所释龙猛菩萨之论义，是否丝毫无谬耶？曰：月称乃上方世界最胜慧力佛前之一大菩萨，特为光显龙猛正宗受生此土，故其所释龙猛正义，无论显密，皆无错谬，必须决定信受者也。尔时喇嘛中观师请问宗喀巴大师之宿世本生甚详，又云：此师年龄尚幼，智辩超群，现在若专事讲宏，必能大扬正法，若骤然舍事专修，他人必怪我，请仍暂令弘法为宜也。菩萨曰：何能补益圣教，饶益有情？非汝所知。他人见谤，须修忍辱。若不静修，寿必不长，利益亦惟相似。故惟有舍弃世事，依静专修，最为切要也。大师依菩萨所教，专修之志遂决。

专修密法

次大师想：先须学密，后方专修。乃暂解关，往仰垛（地名）对勤（寺名）。布顿仁波卿上首弟子，名法胜仁波卿者，最善《时轮金刚》，于显密教法，皆悉无疑，大师即依法胜仁波卿座前学法。初谒之时，供养黄绸巾一副。次日早朝，又供鹦鹉缎一匹，请讲授《时轮大疏》及诸事相。适值仁波卿讲《时轮大疏》初品毕，法胜仁波卿含笑慰曰：今因缘（犹言预兆）甚善，昨晚之绸色黄，顺地界收摄次第相，是必能究竟圆满次第之相也。今日之缎色缘，顺空界生起次第相,是必能究竟生起次第之相也(此言大师修二种次第,必能于此一生究竟圆满,即生成佛也)。今更适逢第二品之首,经文若为成熟诸大人故之句,因缘尤善,我必令汝一切圆满。言已,仍自第二品讲起,圆满后,特为大师重讲初品。自秋至春,学《时轮疏释》,修行事相六加行法等一切圆满。

次大师欲学一全部瑜伽部之传承、解释、事相等,于未学经前,先学事相方能尽善,故先从布顿仁波卿弟子、极善瑜伽事相名寿自在者,习学金刚界与金刚顶等瑜伽部画一切大曼陀罗法,及舞赞、结坛、结印等,极善纯熟。一日梦中,见一大宝座上坐一老僧,首戴佛冠,手执铃杵,闻云是喇嘛钦薄雷巴(布顿仁波卿之上首弟子),号童子福,大师亦坐彼身前。时喇嘛起立,手执铃杵,右绕大师三匝,其念珠自然发出蔼迦跋等咒声。次持铃杵, 置大师顶上,唱云:羯摩跋究啰。喇嘛复坐。大师觉已,想昔日之密号为不空金刚,今为业金刚,俱是羯摩部之名,极相顺焉。

次还法胜仁波卿前,自春至秋,请受金刚鬘之灌顶法、传承、密授、指导、舞赞、画坛等一切事相,更受金刚手大轮等法。次欲往雅炉(地名)钦薄雷巴仁波卿前,受学瑜伽。是夜复梦钦薄雷巴坐宝座上,以贤善坐法而坐,大师亦坐其前。喇嘛自以双手开衣示师,师见彼心内有大咒轮左绕,其轮字迹炳然,师读之。大师后见钦薄雷巴时与梦中所见无异(此二梦俱为希有,前梦是灌顶相,后梦是授德相)。次大师如其所梦,速往雅炉,自秋至夏,依止钦薄雷巴仁波卿，学习瑜伽诸大曼陀罗，兼学下二部一切密法，并学无上瑜伽部胜乐等无量法义。传毕，钦薄雷巴仁波卿云：今法已归主，我无所悔矣云云。如是学已，仍回法胜仁波卿前，听受《金刚心释纳若大疏》及桑都两派之解释等。次复从三藏法师幢称，抉择瑜伽，兼受布顿仁波卿所著之《金刚出生大疏》《瑜伽根本经》《金刚顶经》等无量教法。

专事修持

次壬申秋(师寿三十六岁),大师与喇嘛中观师往拉萨朝释迦佛像,供养发愿。次返迦瓦栋(地名,译为喜面或欢喜首等),二人俱闭关修持,各居别坛,饮食等事,同聚一处。请喇嘛中观师转述本尊所说之无量妙法,并问无量甚深难处。大师念云:今后我当殷勤请求本尊现身,较转述为便。遂将此意白中观师,喇嘛云甚善。大师遂殷诚启请,精进习持,未经多日,忽见坛中有一曼陀罗,蓝色甚鲜美,如涂靛青,光明净洁,似吠琉璃上有五色霞网,霞光中间有文殊菩萨结跏趺坐，身金黄色，相好庄严，观之无厌。见此，来白喇嘛中观师，喇嘛笑曰：汝似已见本尊矣。自斯以后，师每欲见时，恳切祈祷，须臾即现，此境是大师自述也。

尔时请喇嘛中观师为翻译，文殊菩萨亲为大师传阎曼德迦等灌顶。在灌顶时，菩萨刹那现彼本尊之身，而为灌顶。大师又从喇嘛中观师听受菩萨亲教中观师之无量法教。大师决定舍事专修，请问本尊，当偕何人共同修持，本尊授记令偕师利跋陀罗（译胜贤或吉祥贤）、菩提僧诃（译觉师子）、宝幢、贤护、妙吉祥海，妙德吉祥、慧称、胜护等八人，同往修持。

秋季，喇嘛中观师欲回康地，大师送至拉萨。师徒不知能更相会否，须请问本尊修行之要义，遂同往大昭寺广陈供养，殷诚启请。本尊为说数颂，大师依次书之。尔时更从喇嘛中观师请受桑都、不动如来之四种大灌顶。喇嘛中观师回康，大师住觉摩隆。秋末，广讲法义，教化无量众生。次于九十月间大师偕八大弟子由觉摩隆启锡，往寂静胜地，闭关专修矣（此舍事专修之年月有异说，与上下文俱不相符，未录）。

是时，师徒九人乘船赴阿喀（地名，在拉萨南），经冬春二季。阿喀官家生大信心，供给一切所需资具。住彼初修之时，师念净障集福为修行之基础，故师徒九人同以四力精进行持。大师以磐石作大曼陀罗，殷勤礼供，指端俱裂，擦拭盘坛，腕部全伤，痛苦虽加，毫无懈怠，勇猛精进，曾无少间。故每临礼拜时，则感三十五佛现全身于其前也。修法毕，暇时多阅《华严》等诸大经典，广学菩萨难行苦行，意乐勇猛精进无比，非尔何能办即身成佛之事耶？时曾见慈尊身量高大，为纯金色，众宝庄严，于宝座上结跏趺坐，手执花枝，作说法印。亦见释迦能仁及药师如来，身作黄衣。复见慈尊贤善坐相，身着袈裟，为沙门像，手执龙华，上置军持。复见无量寿如来等无量海会。虽获如是境界，大师知此皆观想力所现，不可执实。时文殊菩萨告妙吉祥海（大师弟子中亲见文殊菩萨身者，妙吉祥海为最上）云：大师所见，并非普通幻相，须殷诚祈祷，未来有最极殊胜之因缘也。

春季，诸学者殷勤劝请大师讲经，师问可否。对菩萨告云：恍惚难调诸有情，非以讲说能饶益，应依静虑勤修行，当得自他欢喜道。仍勤修行。是夏往朝精其（地名）慈尊圣像，广陈供养，发无量大愿。

冬季，师徒俱往达薄门垄（地名，在阿喀附近）精进修行，发生无量不可思议殊胜功德。尔时曾见文殊菩萨身形高广，威德赫然，旁有无量圣众围绕。又见圣度母、圣尊胜母、圣光明母、圣白伞盖等一切本尊。又见龙树菩萨、提婆、佛护、龙智、月称等深观派一切论师。无著、世亲、陈那、法称、功德光、释迦光、天王慧、莲花戒等广大行派一切论师。又见造箭等获得大成就者。大师见已，仍作是念：此等境象，皆是自心幻现，不可执实。文殊菩萨复教曰：此非寻常，宜诚祈祷，能如实饶益自他也。又见阎曼德迦高大威严，首臂圆满。复于彼时现见文殊菩萨众会围绕，从其心中出一利剑，剑尖达大师之心中。从菩萨心中流出甘露，色光黄白，形如流水，由其剑上流入大师心中，大师自觉无漏妙乐充满身心。

作诸佛事

甲戌年春，师寿三十有八，依本尊所教，修葺精其慈氏菩萨殿，师徒等俱往阿喀。精其弥勒殿初为允效勇仲所建，慈尊铜像，量与人齐，有大加持。其殿原极庄严，墙壁佛像充满，至末世奉扫乏人，殿堂颓坏，灰尘鸟粪，坌污菩萨者久矣。大师观之，不觉伤心落泪。为欲重修葺故，劝化阿喀官家，使修整殿堂等，如教成办。彩画等事，大师师徒欲自力而为。师徒十二人(在阿喀修行时又加三人也)共集资具，法器在内价仅值银一两二钱，不敷之数，欲供毗沙门天令其佐助。奈乏酥油，时有一沙门供油一小包，即用供之，祷令成办斯事。次日供施云集，一切用具未尝困少。次往雅垄请画师，彼自持颜料来任画事。大师使其日受斋戒而画，其余一切做事之人，皆不许作无益杂语，令口诵愿词等作诸事业。

尔时文殊菩萨教大师，以十方诸佛为慈尊灌顶事为本，作慈尊赞。大师遂造慈尊赞，曰《宝光明炬》。又造极乐愿文，曰《辟胜土门》等。又画文殊菩萨严净国土图。开光时，见文殊菩萨来入其像。是夜供以酥灯，灯量很小，燃至次日中午（此像有加持故）。时又画三十五佛，画师不知身色及手印等，请问大师，当如何画，师祈祷之，请佛毕现，遂依所见而画（今藏中三十五佛之画法皆本于此）。诸事已毕，乃建立文殊师利秘密大曼陀罗，总为一切圣像开光。开光正行之日，其日甚长，过于往时，故是日事虽繁而悉能圆满，众会莫不赞为希有也。时罗札（地名）肯勤（旧云大堪布，即汉地大和尚之名位也）空幢大师，见虚空有七佛等向北而去，问曰何往，答云：精其今日开光，有请故往也。后大师晤空幢肯勤时，谈其所见，正与慈尊等开光同一日也。

空幢仁波卿，一日见一白色女子，告曰：有一圆满丈夫，为慈尊加持，与文殊无二，前十五生中与汝有缘，即于今世亦当互为师徒。汝当请来，将所有教授，莫吝教之，亦当从彼请诸法要云云。空幢仁波卿因此记莂，发起无量信敬之心，殷勤垂请，要师相见，大师依请遂往焉。

大师寿三十九岁次乙亥，往罗札，六月初

四日至札阿寺。空幢仁波卿出迎，见大师为文殊菩萨圆光围绕，大师则见肯勤空幢仁波卿为金刚手形，腹轮圆满，色同琉璃，青蛇严身。是夜大师从空幢仁波卿听受师长瑜伽法，师徒但见金刚手菩萨入大师身。次早空幢仁波卿闻云可请慈尊亲讲《集菩萨学论》，即依教请之。大师曰：本尊为授记耶？曰：然。遂为空幢仁波卿及罗札一切僧众，讲《集菩萨学论》等法。其讲经时，空幢仁波卿见大师顶上虚空中有慈尊，右肩上有白色文殊，左有妙音天女、并有四臂八臂等一切护法圣众住空围护，天龙八部围绕听法。大师复为空幢仁波卿一人，传马头明王、金刚手菩萨、大孔雀明王等法，大师则从空幢仁波卿，请诸先觉之《菩提道次第》等。请法之时，大师见空幢仁波卿顶上有释迦如来，右有金刚手，左有白伞盖住虚空中。一日，大师白曰：我于正见法类有疑未解，为解疑故，欲往印度树山，朝密多罗大师，不有留难耶？次空幢仁波卿代问本尊（仁波卿之本尊为金刚手菩萨，日日现身说法，仁波卿住定观之，能知五百世之事。平时未定乃至梦中，能忆十六生而不忘也。其山周围所有众生洞见无碍，凡起非理之意，教令对治，下至称其名者，能离一切非人损恼，其殊胜功德难为尽录），告曰：汝正见之疑，我可请本尊为释，往印度朝密多罗大师，亦无障碍。更当为金刚座大菩提寺之住持，利益众生。惟汝之徒众，多是大乘资粮道，与加行道之菩萨多有命难。汝宜回藏，去印度未若往藏地宏扬圣教、饶益众生为宜也。大师依教而止。请问诸疑于金刚手，菩萨为释，书名《甘露胜药》

（译汉文可成一卷）。次本尊（金刚手）授记，劝大师作精其慈尊赞名梵冠，更当供养出家资具一全套（为衣钵等），为末法宏扬戒律之大因缘也。大师如教奉行。又云寿四十五岁时，当有障难，为除难故，传以大轮甘露滴甚深生圆次第。更记云：今可往朝拶日（山名，在前藏之南。）等胜迹，能为圣教及众生，作广大饶益。次汝因印度一大善知识现身，并其著述获得甚深空义，亦可兼讲法义而教化众生也。总之，大师住罗札七月，为罗札僧俗讲多种教法，利益无量有情。次历孃赴罗热住五月（丙子年）专修。次赴札廓朝礼遍智法依大师。再者大师由阿喀往罗札时，道经孃地，至札廊谒法依大师。法依大师于前一夜梦中，见一沙门，谓是阿底峡尊者。次早法依大师念云：今日必有传阿底峡之教授者来，遂预设法座。午前宗喀巴大师至，互问法义已，法依大师见宗喀巴大师为阿底峡，生起无量信敬欢喜，供养宗喀巴大师缎子三方，请求法义。大师云：于如日光之大善知识前，我如萤火，敢有说乎？愿先教我也。

法依大师为宗喀巴大师讲《菩提道炬论释》等无量法已，大师方授法依大师阿底峡之教授，并桑都五种次第法。法依大师又传大师《圣教次第》及《广释》等。次大师往罗札，法依大师修大师所传之正见，觉与先所修者不合，甚难生起，请问本尊不动明王云：宗喀巴所传是何见耶？本尊告曰：是究竟清净正见，虽无上瑜伽亦不能超出其见也，当修此为主。又问云：若尔，则错拏瓦（错拏瓦是地名，彼所传者，即法依大师先所学也）之见又为何耶？答云：彼为生起龙树菩萨正见之加行也。于是法依大师遂依大师所传者为主而修焉,不久即得不退转相(法依大师初闭关时发愿云:若不证得不退转相,绝不下此阶一级也。《现观庄严论》不退转相是加行道以上之功德)。次大师由罗札返孃,住罗热五月,往朝法依大师。时法依大师预以通力了知,是日令徒众备马郊迎。遇时,大师贺云:汝师志愿圆满,已得不退转相矣,云云。遂往法依大师处研究法文。

寿难与建立律仪

次丙子夏季，往雅珍阿兰若专修。顺缘有缺，仍供毗沙门天，请其护助，遂得顺缘具足。次师徒共三十余人在朝拶日，见胜乐轮及一切护法等相，证得无量甚深法义。次由拶日返孃，途经摩啰（山名），住宿山下，夜见慈尊形量高大，威德赫然，而相慰云：善男子，汝如诸佛出现于世，当如是知云云。

次回孃，住于狮子城，专修时轮圆满次第六种支分等，获得广大观慧决定见解，于时轮法无所紊乱。又获得无畏辩才。自此以往，时轮金刚屡为现身，赞云：汝如月贤大王再来无异也。又住彼时，妙音天女授记云：汝寿只五十七，于此中间当作自他无量饶益。师云：修尊胜母等法，不可延耶？告曰：修此等法，亦由汝昔愿，与深乐观慧之力故，悉成增长智慧之因，于寿无大益。文殊菩萨为授记云：今后特修对治寿难等法，虽稍艰难，然亦能遮止。五十四至五十八，专修对治寿难之法，下当详述。又住彼时，大师数数将道之体相决定、次第决定、数量决定等，请问文殊菩萨。菩萨告云：今后无须问我，自可详阅经论，观察思择，不久当自知矣。次往孃之金沙塔，广兴供养。在彼讲苾刍戒律，安立无量有情令住净戒。时文殊菩萨劝云：今后一切细行皆须依戒而行。大师云：处此末法，斯事甚难，诸余众生亦难具足。菩萨云：若不尔者，则无真实利益，果欲真实住持圣教，必须殷重戒律方可。大师依菩萨教诲，自此以后，下至滤水触火等最微小事，莫不依律而行。徒众亦皆随行，不敢有违（此即黄教尊崇戒律之起源）。

次住孃之岗穹，为诸僧俗讲授法要。次于孃之惹种安居，有阿阇黎号达玛仁钦者，自后藏来前藏诸寺立宗，闻大师名，未敢轻信，遂由藏来孃，欲与大师辩论法义。适值大师为众讲经，彼欲寻辩争隙故，挺身而进，戴帽不礼。大师见其来，遂下高座据小座而讲。彼初无敬心直升高座，渐闻大师所讲皆昔所未闻，慢心顿息，敬信勃起。遂摘帽下座，处于听众位次而听讲焉，誓从大师为随身弟子。十二年中听受一切显密法义，大师圆寂，绍继大师之法位，故皆称为贾曹达玛仁钦也(贾曹译为绍继,胜者为佛,绍继佛者,即补处菩萨之称。又达玛仁钦与大师相会之因缘有数说,恐繁不录)。

尔时大师欲于孃地设讲经会,惹种住持担任施主之职,其余信施亦甚多,故总聚孃地缁素,广转无量法轮。自此以后,年年未绝,斯皆大师大悲愿力、善权方便之所致也。

广弘圣教

如是于孃地宏扬正法，饶益有情已，仍回阿喀，住阿得公贾（山名）拉顶阿兰若一年，自修教他，二事兼行。大师自弃事以来，乃至是岁，于中观正见及月称、清辨等差别要义，虽数数思择，然未能获得究竟决定。次住拉顶阿兰若时，犹加精进，详细抉择，殷重至诚祈祷本尊。一夜梦中，见龙树、提婆、佛护、月称及清辨论师等，辩论抉择自性有无等深义，其中谓佛护论师者，形量高大，身绀青色，手执一梵箧，加持大师。次大师翻阅佛护论师《中论释》，未加励力，任运了解月称论师派（即佛护派）正见究竟之扼要，于胜义世俗二谛善巧，得未曾有，生大欢喜。尔时遂造《善说藏论》，称赞如来所说甚深缘起之法，是书通称曰《缘起赞》。

自既证得希有法已，秋末回阿喀。冬春二季，为阿喀僧众宣讲经论。次于耶得邬惹安居，又为彼寺僧众宣演法义。冬季住阿喀札栋，专修二次第瑜伽。次（己卯正月）朝精其慈尊圣像，于释迦能仁现大神变节半月之中，广伸供养（依《贤愚因缘经》中所说者）。所有功德，专为住持圣教利益、安乐一切众生而回向也。当此供养之时，东方虚空诸佛充满，身皆白色，与毗卢遮那佛等无有异，如是南、西、北方及上虚空，如其次第，一切诸佛身色分黄红黑蓝，与宝生、无量光、不空成就及不动佛等无有异。是春，为二百余三藏法师（达玛仁钦阿阇黎而为上首）广讲无量显密法义。次因仰波（地名）僧俗以深信心殷勤迎请，遂在仰波，住挡朵寺安居，为彼地有情广转法轮。大师由精其往仰波之途中，其帽堕水，顺流而去，大师记云：我之教法，如流不断，帽所止处，当兴中观之讲席云。其帽止于仰波桑星冈，后大师之高足号法上（或译法涌）者，建立道场曰大乘法轮洲，广宏中观，正应大师所记也。

时藏王虚空贤与大阿阇黎宝戒等，数数函请大师返藏，更遣使来迎。大师等亦欲朝藏中释迦圣像，故于秋季回前藏，住布达拉。时以桑普极乐等诸大寺住持为首，及数百三藏法师，广讲《中观明论》、《苾刍戒》等，转大法轮。

明年庚辰春，大师寿四十有四，赴迦瓦栋，

于无量海会之中，宣讲《菩萨戒品》《侍师五十颂》，并《密乘十四根本戒》等，安立有情于三种戒律，二世利乐，世出世德皆以此为基础也。时极尊仁达瓦于达仓安居讫，来前藏，大师迎于迦瓦栋，承事供养悉由师出。师徒为四百五十余善知识转大法轮。师徒深乐阿兰若处，有绛惹珍寺，系噶当派初祖仲仁波卿所建立，是阿底峡尊者于噶当雷邦中数数称赞记莂之胜地，亦是噶当教授之发源地，无量大善知识之所依栖次。师徒为首，与无量三藏法师由迦瓦栋而往热振。冬季极尊讲《六十正理论》及桑都五次第等法，大师则广演《大乘庄严经论》《辩中边论》《集论》《瑜伽声闻地》等诸大乘法（时大师为极尊讲《桑都》月称释并《中观论》，大师则从极尊听《中观》月称释之正见等深细修法）。

次胜依法王及止贡法王，俱遣使迎请。辛巳春（大师寿四十五），师先往止贡，讲多教法。复依止贡仁波卿听受纳若六法等。次返热振同极尊俱赴囊贝敦寺，与胜依法王相会。时三法王在彼安居，抉择正法，淘汰末代无知邪解疑惑等垢，广宏戒律，整顿教规，使如西日之更辉，宝炬之重耀也。时六百余僧侣，悔已往之违犯，防未来之过僭，罪辨重轻，境分多寡，出罪必道名种，舍堕定离犯物，覆本意喜出罪作法，下至加持衣钵、房舍、卧具、滤水、观虫、折草、掘地，莫不一一如律而行。海会所需之供具，皆由信心圆满、施财充裕之大护法，名曰功德海者供养（此是大师重倡戒律之大法会，所有讲录见存大师著述中）。尔时三大法王复广转《中观》及《因明》等法轮。解居后，极尊仁达瓦回后藏，大师与胜依法王并诸徒众，返热振阿兰若。胜依法王讲演《中观论》等，大师讲授《菩提道次第》等（是前人造者）。时大师于阿底峡尊者像前，殷诚发愿，祈祷加持能显扬圣教、饶益有情等，遂感释迦如来乃至虚空幢大师一切传承祖师现身，特于一月之中，日日见阿底峡尊者与仲仁波卿、博朵瓦、霞惹瓦等，施与无量教授教诫。至最后日，仲仁波卿等，入阿底峡尊者身，尊者手摩大师顶慰云：当于圣教作广大事业，修菩提心，饶益众生，我当助之。说已不现。次胜依法王、止贡法王并前藏后藏等处一切大善知识，皆殷勤劝请，造《菩提道次第略论》。大师自觉内有菩萨加持，外承诸人劝请，内外缘合，时机相应，遂于壬午年（师寿四十六）造三种士夫《菩提道次第广论》。如是渐次造至奢摩他竟。大师念云：造毗婆舍那，恐于他亦难生利益，欲乐稍减。时文殊菩萨现身教云：无论如何亦须造完，能成中等利益也（此谓虽不能令一切有情皆了解甚深空义及修毗婆舍那法，然能令多数有情生解，故成中等利益。若不造者，则虽下等利益亦不可得也）。大师遂续造观法，每起念思择空性之时，便见空中有《大般若经》中二十种空之字句，字色如银，形如宝。如是等希有瑞相，难以俱录。又大师造论之时，其护法善神及地方天神等，现身劝云：我等是莲花生大师及阿底峡尊者之近侍，今亦于汝之教法，成办顺缘，愿慈悲摄受云云。故大师造完于回向颂中，亦代彼等回向也。

大师告弟子众云：今后尚欲讲授密法，汝等可从法王译师（指胜依法王）请桑都灌顶，还净其戒。阿阇黎名称幢为首,共二十五人于胜依法王,请桑都灌顶,法王亦欢喜授之。又因上座贤护等诸大善知识劝请,大师更造《菩萨戒品释》《密宗十四根本罪释》《侍师五十颂释》等。胜依法王获得《菩提道次第论》,欲望满足,如大商主满载珍宝而赴后藏。大师夏秋冬三季,仍住热振,广演《菩提道次第》等法。又于尔时,将《帕勤》与经文合讲,讲座圆满。大师告云:汝等可行供养(藏中最重供酥油灯)。时诸弟子,皆从常住借灯盏尽。次大阿阇黎达玛仁钦借而未获,遂于一铜锅中,栽炷灌油,供献于大师座前。大师见而笑云:因缘甚善,可将诸余灯油尽注于大阿阇黎达玛仁钦之铜锅中。注已盛满而不溢,光明胜于常者。慈因大师此次所讲《帕勤》,文义精髓尽出大师心得之奥府,与往昔所造之《金鬘论》稍有出入之点(《金鬘论》中多顺先贤之说,义虽无谬。文句范围非大师之特见)。诸弟子请大师更造《帕勤释》,大师谓大阿阇黎达玛仁钦云:此次所讲之要义,汝当具录而造释云(是开许令释,实亦嘱授法义也)。大阿阇黎依大师教,造《广释心藏庄严论》,即今藏中讲《帕勤》之根本依也。

次师寿四十八,岁次甲申,移锡于雷朴寺,广演法称论师之《因明广释》(是释陈那菩萨之《集量论》者。普法称论师造论竟,自造初品释,余三品令其弟子天王慧造释。初次造竟,呈师座前,师令弃之于水,谓未明论义,故令毁而更造之。二次造竟,呈师请阅,师令焚之于火。三次造竟,末颂云:众数无善根,时复不可待,为自修习故,略造此释难。呈师请阅,师叹云:未能启明内容之了义，仅可释其文耳，遂存而未毁。师念《因明》深邃，余人难了，故更造一颂以冠其首。藏文原为一颂，每句十七字，汉文无此长句之颂，故译成二颂以诠之，颂云：众生著劣法，自乏慧力故，不求诸善说，因嫉返生嗔。故我不想此，能饶益余者，必久习善说，故于此生喜。是论之难可略见一斑矣）。显发隐没之胜义，重明斯论之特言，即以一论之文，尽诠成佛之道。时诸会众得未曾有，大阿阇黎达玛仁钦记而造论，今现存著述中。

次因藏王名称幢殷勤迎请，遂赴闻（地名）住得勤敦寺（译大乐上），与数百三藏苾刍共住安居，广转《中观》《因明》等无量法轮，更传《菩提道次第》等甚深教授，一切所需皆由王庭供养。次赴阿喀，住慈氏洲（寺名），广讲《菩提道次第》与密乘二次第等法。冬季师徒闭关专修。时本尊告曰：今当造智慧萨埵《建立次第释》，有大饶益云。大师依本尊教，疾疾造释，造竟复授诸徒众，广为宣扬。次因胜依法王等诸大善知识劝请并本尊授记，遂造《大秘密道次第》（约三十余卷），总明四部密宗之全体，亦广传学者（此诸大论，皆系文殊菩萨述义，大师缀文而成）。当宏法之时，魔众恐怖，来作极恶留难，有一二善知识亦因之而圆寂。师徒遂闭关，专修破魔等法，魔事乃息。大师复造阎曼德迦修行方便，名曰胜魔，并造护摩仪轨等。次移锡于阿喀之菩提垄过冬，为数百三藏法师，讲演《密乘道次第》等法。

得大弟子

丁亥(寿五十有一)年春,赴前藏,一切承事皆由内邬(藏官之宅名)信施,于色惹其顶(茅棚名)安居。尔时克主杰来前藏,立十部论宗,游诸辩场。又有极尊仁达瓦之信,介绍于大师之前,特来参谒大师。于未谒之初夕,梦见十方黑暗,迷诸所趣,闷住久之,忽见东方有一百一十口利剑,柄皆内向,合而为轮,一一剑锋,有百日严饰,光明晃耀,剑轮之中,有五彩光明网而为庄严,于光网中有文殊菩萨,身金黄色,右执利剑,左执梵箧,无量重宝庄严其身,如十六岁童子，相好殊妙，清净威严，笑颜而来，入己身中。当日光初发之时，黑暗顿消，光明遍照十方，充满一切世界。次日谒大师时，一见则信，深生欢喜，遂殷勤至诚，兴无量问，特于诸论难处，述自见解，并问未解之困难等。大师亦深生欢喜，问云：汝此等见解并诸难处，由何而知之？克主杰白言：由于无量圣教，广求多闻，于师长本尊殷重启请而知。大师赞云：如是如是，我亦如是，方从文殊菩萨获得最胜教授，今当为汝说云云。时克主杰更以昨夜梦相请问，大师告云：汝能见师长与本尊无别，甚善，汝乃密乘如宝之机，汝见我为文殊菩萨，实乃如是，然诸有情则惟见我如常人耳，汝之梦相，是表汝能饶益无边有情之相也。又为克主杰传阎曼德迦灌顶。自是以往，克主杰则专依阎曼德迦为本尊。当住彼修法时，兼为少数弟子讲《桑都》五种次第，并《胜乐轮》圆满次第。又因诸学者劝请，造《中观论广释》，抉择性宗一切极难之处。

朝廷迎请

又于闭关之时，一日忽谓诸上首弟子曰：我等略有留难之相，为避免故，须往余处暂住数月。弟子请问欲往何处，师曰：现在不可预说。忽于一夜，众无所觉，大师携随者二人，往惹喀山岩，闭关修行。本尊现身为说唯识中观等诸宗之要义，告云：今可略摄此等深义著书。大师依教，遂著《辨了不了义论》曰《善说藏》。大师名称遍满三界，诸有情类，莫不信仰。大明成祖屡请未赴，尔时复以广大信心为欲饶益诸有情故，重使四位大人，数百随员，携持无量供施，殷诚奉迎。时诸大人，诚恐大师隐避，求见尚不可得，况云迎请？故悉密其行迹，仅云来朝佛者。过盆宇（地名）后，次早明相出时，骤至色惹其顶，时诸僧众云：大师非仅不在，且尚不知所往。汉官不信，致使藏王家为保证，证明大师实往他处，尚未得知也。时汉藏诸人到处寻求，久之，方知闭关于阿喀岩。大师初不相见，后因汉官转请藏王名称幢，并藏大臣虚空贤，再三宛请，大师乃返色惹其顶。今来者朝见，受其供施，大师详述赴汉地害多利少之种种原因而辞之，并奉文成祖，说明自不能来之理由，实非故意轻蔑王旨等。并备上妙谢礼，开发来使，遂免东奔之劳，安慰藏中之机。时人皆赞大师以通力先知避脱，实为善权方便之极矣。成祖之礼物，全系金帛磁玉之属。大师所进者，则为释迦金像、观音圣像、文殊金像各一尊，如来舍利四颗，阿底峡尊者之舍利一颗等。是戊子年六月十九日事也。

时诸钦差大臣决不肯独回，转请遣一位上首弟子应成祖之请，乃敢回朝。大师遂令大慈法王，厥号释迦智者代师赴京。成祖见大慈法王学德俱高，遂封为法王，广请无量法义，另见别传。次《中观广释》造竟，于六百余三藏法师中，广为宣讲。并讲《菩提道次第》《密乘道次第》《辨了不了义论》《四百论》《密宗根本三昧耶》《侍师五十颂》等。住经两载（实仅两安居也），承事皆出于内邬官家也。

解居后，因藏王名称幢殷勤奉请，大师遂与五百余大善知识赴种不垄（地名）。更有地方为闻法故，来聚会者共约千人，广演《菩提道次第》等深广大法。大众一切承事供养,悉出王庭也。

作大佛事

再者，大师前在色惹其顶时，预于明春世尊现大神通之佳期，广建法会，盛行供养，嘱令内邬官家护助办理。彼（虚空贤也）如师所教，料理供事，净治拉萨大昭寺等。凡有坏废，尽力修葺，若财若力，俱无惜吝。大师至种不垄时，复劝藏王名称幢，彼亦正求培福，无不如命。大师并遣诸高足往止贡、热振、闻及、阿喀等处，劝化一切大小寺院、长官、施主，并其各方门徒，皆令广修信施福业。藏地虽狭，然以大师悲愿力故，所集信施，亦类山丘矣。对大师及诸弟子亦皆尽出所有，回向为明春之供。

往昔如来于舍卫国现大神通，降服六群外道眷属，摧倒魔旌建树法幢（依《贤愚因缘经》），拔济无量众生，出不善处安立善处，未具信者令种信根，已具信者令倍增长，未成熟者悉令成熟，已成熟者悉令解脱。或有众生发三菩提心，或有众生证四道果，广益无边无际有情。如是时期，传为现大神变之法会也。昔梵邦诸大法王，遇此胜期，皆以无量上妙供具，供养三宝，诵经发愿，回施有情。中代佛法流传西藏，藏中诸大法王，亦颇兴此善举。末世凌夷，其事渐隐。今者宗喀巴大师，上为圣教久住，常宏扬于十方，下令有情集福，获恩泽于无尽，次于戊子秋末，请诸画师，以无罪净物，洗拭圣像若金若彩，焕然一新，宛如初建也。复令诸裁缝将供施之绸缎等类，缝为诸佛菩萨等各各所服之衣，并为无量幢幡庄严具。诸事已备，于腊月尾，从种不垄赴拉萨。三十日，聚八千余僧侣献奉供养，是日施衬等费，大师师徒自任施主之职也。

次大师寿五十有三，岁次已丑（明永乐七年），自正月元旦至十五元宵，为世尊现大神通之正会。昔如来现神通时，十五日中各一施主，如来各现一种神变，今十五日之法会亦日各有施主，供献不同。略录概况如下。

广大供养

供献释迦牟尼如来（即文成公主由唐朝携入藏者）一纯金五佛宝冠，工艺精巧，形量端严，更饰无量珍珠宝石。供献不动金刚佛（是尼泊尔公主持来者）及十一面观自在菩萨，各一纯银宝冠，众宝在严。又供释迦如来一大量纯银宝钵及一银盘坛供。又于初八、十五两日，三尊圣像全身涂金，余日日中，专涂面轮。又于释迦佛等诸具出家相者，供养三衣等资具各一全套。诸报身佛及菩萨、明王、护法等，各随其所应，供养衣服、众具各一套。复如显密经论所说，于诸殿中彼此牵绳，悬诸幡、彩、拂、铃，种种庄严供具。又于外层大道，树立高大木柱，悬广大缯幡，于其顶上，随其方所，置彼方圣像，并于幡上，书彼彼广略诸陀罗尼，凡有十五。每日晚间于彼彼幡下供台之上，依其仪轨兴诸供养。又于彼柱中间竖立大白伞盖等幢，悉依各各仪轨而为。又如《般若经》说，彼此幢间，互相牵绳，悬诸铃、拂、缯彩众具，宛如遍空彩霞，飞腾翔舞也。虽于白日亦于内廊供灯四百，中廊（绕佛之巷也）供灯百余，于外层绕道，对释迦佛前，设一大石灯，其形正方，每面约丈余，中树一大炷，满注酥油，金光晃耀，争夺天色。更于诸大量砂罐中满酥油，中树灯炷，量如臂腕，相续不绝，绕外层而供养。夜间灯数更数倍于昼日。每日供水换百余次，其水则悉以藏红花变为金红之色，其红花余滓，每日数升。香幢、香伞，并诸烧香，烟接青云，昼夜未断。内外一切地基，皆以香水数数散洒。又于大酥灯之左右，各以百斗糌粑，作成供品，上贴无量酥油花而为庄严。其余供品高约二三尺者。酥花庄严，共一百零八个，每日一换。诸旧供品，施诸贫乏。时诸方乞人，皆离饥苦，虽有生以来未足食者，至此亦忘饥渴之想。如是无量供具，清净圆满。大师复以咒印三昧，加持为大乐不空之甘露，更与百千持戒三藏僧众，同依显密经中所说仪轨，广为供养。十方诸佛菩萨圣众海会，皆降临纳受。所有瑞相，与前在阿喀为慈尊开光时者大同。复于尔时，虚空幢仁波卿见大师顶上有文殊、观音及金刚手三尊部主、无量护法善神，围绕四方，防诸魔碍。又有获得成就之孤抉仁波卿，号无量光金刚（孤抉系地名），原在拉萨惹喀闭关。一日圆满开关赴拉萨(正是大师法会),行至朗勤栋(译云象顶或象面象首),遇见印度八十大成就者中霞缚日跋,问云:何往?答云:我等八十主勤(主勤译大成就)应善慧名称(或云慧贤亦可)法王所请,余皆前去,惟我稍迟也云。孤抉仁波卿,于大众诵三十五佛时,见三十五佛、药师七佛、弥勒慈尊、无量寿佛并解脱母、白伞盖、妙音天女、八十主勤等,于虚空中,较十方诸佛稍低而住。如是希有众相难尽一一。复于每日为无量道俗,讲马鸣菩萨所造之《本生论》一座,曾无间缺。

会中招待十方宾侣, 及办一切事务者,由藏官虚空贤叔侄担任,藏王名称幢亦负任供施等职。

早茶之时,僧众有不饮茶而绕佛者约千余

人，在俗之士，则数万人矣。如是数万众生，昼则闻法、礼拜、绕佛、诵经、发愿，虽至中夜，仍有绕佛不息者，惟较昼间稍稀，盖未尝有间断时也。平时之恶心愤斗，或饮酒放逸等事，悉于无形中化为乌有。

复于一夜梦中，见一高身妇人，双手抱殿而住，若有所遮阻之相。问云：欲为何耶？答曰：防护火灾耳。次夜门前大石灯中，酥油将尽，未及注新油，灯炷与油忽然合燃，猛焰炽空，一切众生起大恐怖。大师无间，急入静室住三摩地，微风具息，故未待勤劳无间救灭，全无一毫损失。大师又于梦中见拉萨周围，有无数众生从地而起，升空而去。问云：何往？答云：我等以供养如来力故，往生梵天。如是观之，大师之事业，诚有不可思议者也。

根本道场

大师之徒众众多，因大师未建道场，行住无定，多生疲劳，有劝大师建设安众之处，以作大师教法根本泉源。尔时徒众及诸施主，有愿将自寺奉献者，有愿助资新兴者，大师亦知机时俱至，为除众疑故，当法会之时，遂将一切处所，何者最上应当建寺，祈祷于世尊之前，更观灯相及梦相等。在一切处中，以灌顶山旁大阿兰若为最胜（即今具善寺之所也，大师前在罗札，金刚手菩萨已授记讫），故于法会圆满后，大师亲赴其处加持地基。次返色惹其顶，为六百余众讲授《中观论》《菩萨地戒品》《菩提道次第》等显密诸法。时因福贤仁波卿之请，大师与二百余众，于春末赴铜山朴勤，为福贤仁波卿等无量大善知识，讲《菩提道次第》等法。尔时大师上首弟子大阿阇黎达玛仁钦及大阿阇黎净持律仪名称幢为首，并多数僧众，往灌顶山侧阿兰若处，如大师教，创建具善尊胜洲（即甘丹寺）。时四方僧俗，或助力，或施财，一年之中，建就七十余院，定基百余处。其建房规则，俱如律说。初观地基，次白僧众，得僧许已，遗授事人，乃至结僧净厨，无不依律而为。就此观之，亦可见大师宏律之一斑也。夏季依阿喀僧俗之请，赴阿喀静虑洲（寺名）安居，为四方聚会僧俗，讲演多种法义。时孃惹种有格西圆寂，彼所有资财嘱其亲属供养大师，亲眷如教，供金沙百两，散银无数。次闭关造《桑都圆满次第记录》，因数祈祷师长本意求加持故，感有瑞相，大师造隐语诗以记之（诗文隐昧，兹不繁录，仅录其意如下）。谓丑年十二月初三夜，见文殊菩萨十九尊之曼陀罗，时文殊菩萨众宝庄严，手执瓶水，谓大师云：此瓶之水，是阿底峡住纳塘吉水边时，与文殊慈尊抉择三身（法报化）二身（法色）法义和合之水，从阿底峡至今三百余年，未有所付，今当付汝也云云（此中所言抉择三身二身法义之水者，是不了义。实为阿底峡尊者三派传承法义，今授予汝也）。

初四夜见一宝座，谓是布顿仁波卿者，坐其上。彼授一《桑都根本经》，嘱云：汝当为此主。大师念云：此书后未全耶？启而视之，完全无缺。次彼双手捧经，口诵灌顶真言，置大师顶上，复以手印加持三番。

初五日，于罗札玛巴之和合修法（睡与死有合修法，梦与中有合修法，醒与生有合修法等，是无上瑜伽之修法，不便广言）。获得定解。初六日，见彼合修法之传授，实为《根本经》并龙树菩萨等正义，获决定见。初七日，阅提婆菩萨《摄行炬论》，生希有解。

消灾延寿

次庚寅年（寿五十四）二月初五，动锡具善尊胜洲，广为开光等事，敷演《菩提道次第》《桑都月称释》，并《五种次第》《大乘集论》及《瑜伽师地论》《因明论》等，复造《桑都四天女请问经》及《集智金刚经》之广释。明年，《五种次第释》亦住此道场续造圆满。

兹因五十七岁时，当有灾难，为预先遮止故，遂自辛卯年冬初（寿五十五），大师与三十余位高足弟子，闭关修阎曼德迦法。午前修增益，午后修息灾（遮止法）。次壬辰年，加至四十余人专修，仍未获得遮止之相。但大师于此期中，引生圆满次第四种欢喜，及四种空性之功德（不便详录）。是年秋间，大师见未获遮止之相，诚恐明年难免灾事，遂谓徒众云：我恐不能数数讲演，今欲略讲密部之要者，发愿于未来也。徒众殷重请云：今灾难之期将至，惟愿慈悲闭关专修，我等亦仍当励力专修也。大师因众人至诚申请，遂自壬辰年八月初七日，共三十余众仍闭关专修，其余徒众亦各闭关助修。十一月中，大师恙难渐起，最重之时，二十余日未能安眠也。大师虽恙重如是，然修行未辍。因于甚深三摩地得自在故，饮食等事，未甚减少，外似无患。大师仅云：觉下身稍有不安。故徒众亦不知大师身内之苦也。次腊月十三夜，见有坚固瑞相，大师告众云：今欲励力修者，似有善相也。时大阿阇黎达玛仁钦及全体僧众一意专修,临年不止。人共赞云:为师如是专修者,实空前所未有也。时诸僧俗,皆恐大师不能住世,感生失离依止之苦,故悉尽力培福,供养三宝,祈祝大师住世。如是修行,至五十七岁时,令数位弟子,至大师室中共修。遂选七位具足净戒三昧耶,修本尊法具量者,依大师室共修。大师昼修阎曼德迦等法,夜间住大乐不空三摩地,专一防范外难。总之,于大师教法作逆缘者,凡有四魔。大师数年前在阿迦曾降其一,安立于三昧耶。今于修行之时,又有一魔,自投首请恕,誓不再为留难,反护大师之法。又于一日,师徒至诚专修时,大师于定中,见释迦如来,身黄金色,放大光明,威德难忍,结伏魔大印,至虚空中。大师以定力迎请,摄入已身,即此无间，于诸灾难，得无所畏，遂见六臂大黑天及阎罗法王等，以金刚索系魔颈上，牵至大师面前，以刀截其首。与此同时，闻外面非人，呼言败矣，十方散去。时诸徒众亦皆共闻。次日，六臂护法神等，又牵一魔至，亦如昨日者杀之（四魔已尽）。大师自是渐愈，本尊现身授记云：今后当勤修生圆瑜伽，速能证得。弟子中有七位具善根者，亦当各有所证也。如是渐至甲午年（寿五十八）六月初五日，大师清恙始全愈。

再事宏修

是年藏王名称幢，迎请大师赴闻（地名）之札喜朵喀（寺名）安居，于数百三藏法师中，广转《中观》《因明》《菩提道次第》《入菩提行论》等深广法轮。根敦主仁波卿，亦于此处，初谒大师也（根敦主者，即达赖喇嘛第一世之号）。又大师住札喜朵喀时，命妙音法王（大师上首弟子之一，号吉祥胜或吉祥德）。建集米寺（即旧云之哲蚌寺）。法王云：一切成就之首，为如师教，仅当依教奉行也。是夜法王梦中，见一大河，河侧有无量众生欲渡不得，法王深生悲愍，遂纵身中流，身达彼岸，宛如桥梁，众生依之而渡。寐已，知为建寺之前相，定能饶益无边有情也。尔时，有一化现之塑师，于一日中塑大师像七尊，大师亦于一日剃发七次，每一像中装发一份，至今现存札喜朵喀，是为大师像中最有加持之者。

次还具善尊胜洲，抉择一切宗法，著《桑都月称释》之疏，并《桑都决断摄义科判》等（今大师著述中第四函全、第五函半）。自是以往，恒演密法，曾未间缺。时大师云：修供养法（指修密法），若于大殿中共行，诸未得灌顶者，佛遮不得看坛场，实属不便，当别立专修密法之殿堂也。

次大师寿五十九，乙未年夏，起广严殿基，四方信施不可量计，铸佛像等所用赤铜，初似难得，次由孃地之信施，施铜无量，足供所需。

前著之《菩提道次第广论》，文义太丰，少慧有情难以奉持，本尊教另造略本，摄受下机。大师依教另造一论（即今所谓之《菩提道次第略论》）。

次丙申年，广严经堂竣工。自丁酉年三月，遍请善巧技师，建立圣像。于殿中层，起释迦能仁像，较拉萨之像稍大（赤铜镀金）。于殿上层建立桑都三十二尊、胜乐轮六十二尊，及金刚界大曼陀罗（共三大曼陀罗，各依仪轨量度。以赤铜镀金造为宫殿）。桑都及胜乐轮各用生银百两，其五方佛像及诸瑜伽母像，亦用银铸，余像为赤铜镀金。其金刚界正尊像，用生银稍不满百两，其余十二尊，各用七十余两也。更铸镀金之文殊菩萨像、无量寿佛像、慈尊像、阎曼德迦像等各量高一箭(约二尺余也)。又尊胜佛顶像及白伞佛顶像,量各一肘。又塑阎曼德迦泥像(以绸缎香药等和捣为泥),高十七拃,更以种种珍宝而为严饰,实为空前之希有者也(此诸像中更有数尊放光等事,恐繁不录)。如是殿堂及诸圣像,是岁粗工完竣,遂依阎曼德迦仪轨广作开光等事。复集无量僧侣,广作庆会。当开光之时,瑞相多种,姑不详录。

又乙未年,妙音法王建集米寺,大师亲临,加持地基等。戊戌年,大慈法王建色拉寺,是为藏中三大寺之成立也。

戊戌年,因四方僧侣并原有徒众殷勤劝请,在具善寺广转显密无量法轮。《入中论广释》亦于是岁造圆满。岁末,大师令刻《桑都根本经》及月称论师释。至已亥年,极善刻竟。春夏二季，宣演《胜乐轮根本经》等显密诸法。《胜乐轮根本经释》是年造圆满。总之，大师日常之行持及宏法利生等事业，若非大地菩萨，余所不能也。

化机圆满示现涅槃

化机圆满示现涅槃

度最后有缘

大师于圣教及有情广作希有饶益事已，观察化缘将尽，为度最后有缘（如世尊临涅槃时，度须跋陀罗梵志及乾闼婆王）。及结未来之因缘，并作最后辞礼释迦如来圣像等故，于已亥年秋借徒众请，往朵垄温泉沐浴为缘。遂自具善寺赴拉萨，广陈供养，于释迦如来圣像前，发净愿已，次往温泉。大师此行，非为沐浴，故至温泉仅略浴其足而已。为朵垄一切聚会有情，宣说法义，受彼处之承事供养，使植无尽善根，培修殊胜福业。事毕，赴集米寺，途中受朵丽之请，时五彩霞光，现于大师住处。在集米寺讲经时，又有五彩霞光，自空直立，树法场中，宛如彩柱。又有五色祥云，从空直下，降于具善寺。

大师住集米寺为二千余善知识宣讲《菩提道次第》及《纳若六法》《入中论》《桑瓦都巴》等甚深法时，受一切僧众之总供养。大师之特别供事，皆出自内邬官家。大师昔关于教授法类，多不传授在俗（仅为讲经），《菩提道次第》尤为禁止，今见特别殊胜因缘故（令结未来缘），无论僧俗多少，先后到者，皆为讲授而不隐藏，摄受一切。时诸众生，莫不踊跃欢喜，深生希有之心。

时集米寺修密法殿建设圆满，请大师开

光。大地震动，智慧圣众，入诸圣像，为末代之最甚福田。又大师讲经，除《时轮金刚》外，诸余经论，悉无中间结座之规（《时轮》有时仅讲数品之事，余者必待圆满方结座耳）。尔时大师讲诸经时，忽向具善寺处遥望，讲至《桑都》第九品，结座曰：吾当速还具善寺也。时诸施主及听法众，殷勤请云：祈慈悲更住一月或半月，使经圆满。若如此亦不能听许者，则下至诵而不讲，亦请圆满。大师告曰：今须急返寺，讲《菩提道次第》及《桑都经》等之欲乐，我昨日已结讫。遂辞其所请（经不圆座是结佛法久住之缘也），次返拉萨，更礼释迦圣像，供养发愿。又受大慈法王释迦智之请，赴色拉寺。因藏中真净之密法，久已隐没，大师虽极大宏传，造成多数持法法将，然犹乏宏持密法之根本基础。大师因感告于大慈法王，彼依大师之教建立讲闻密法之清净道场。大师又为结殊胜因缘故，师徒于彼处作长净事，并讲《桑都》及《胜乐根本经》各一座。尔时大师问诸弟子曰：有能授持此经之讲轨者否？一问再问，久之，无敢应者。时大师之高足，厥号慧狮子者（根敦主之师），起座顶礼，"此事我当受教也"。大师深生欢喜，谓传法得人。随将桑都金像并《桑都》四部释及诸修法等具授慧狮子，又为传受持讲法之灌顶。慧狮子所建立之密宗道场，即今藏中之举梅跋也。次复至拉萨供养释迦如来。次至大乐顶，谓札迦综主曰：当于大乐顶，建立以戒律为基础之桑都等密法道场。尔时供施具足，彼亦深生信乐，顶戴如教，并请大师预作开光等事。大师亦云：今若不为者，后无时矣。遂竭力为之。次赴扎迦，又受主亦之请。总之，大师自集米寺动锡乃至未抵具善寺时，任何处之请，凡无二次者皆受其请。大师住主亦之夕，众皆闻楗椎之声甚响，皆出观之，未知其所也。此乃为大师将入涅槃，召集大众之声，决非人间之楗椎也明矣。

次由主亦还具善寺，先往广严殿，谓众曰：当设供养，此处亦不能数来矣。遂于如来像前，及桑都曼陀罗等前广伸供养，启白发愿。次因施主所请赴大殿受供。虽无人请，大师为令正法久住，及现时究竟皆圆满故，广说极乐愿文。

示现寂灭

次归住室坐定，曰：今至自己之处所，于心安矣。是日中夜，稍示病相。次日，一切僧众，急请住世诵经等。下午，大师仅为一切身分，稍觉疼痛，复示现不明了之相。至第三夜，大师嘱宝幢仁波卿云：汝当与喇嘛迦举巴（迦举巴是受持十部经论者，指达玛仁钦也。达玛仁钦初以十部立宗，故得此名）善住持此寺云云。

次日持律名称幢及大阿阇黎达玛仁勤，在大师前，大阿阇黎请云：愿悲愍我等，赐所教授。兹因住持教法等语，前已嘱讫，故未重嘱。

遂手取其帽，掷大阿阇黎怀中，又授一衣（其义即传法王灌顶）。曰：当了知此义，好修菩提心也。此是最后之教授。大师于示现重恙之时，仍每日修四座瑜伽，未曾间缺。

次于二十四后夜，广修薄伽梵胜乐轮之内供养法。尔时，复有种种希有境界待大师者，皆未敢请问而止。次于二十五日，日光出时，三种空相，次第摄入一切空性现证光明法身，真胜义谛、三界法王、人天导师，遂示寂涅槃，呜呼恸哉！

大师在示病之时，身相稍现瘦弱，至粗息内摄已，身相忽然圆满，一切身分，成光明体，宛如十二岁之童子相。其光明则有见为红黄色者，亦有见为黄白色者，复有见为真金色等。亦如文殊童子，外隐珍宝之服，内住等持之定。时诸徒众忽失依怙，忧恼缠缚，痛哭难裁，然睹如是希有妙相，亦不觉而生欢喜赞叹也。

大师圆寂，住光明定已，虚空澄净，离诸尘云，经四十九日亦无微风飘扬。僧众供诸酥灯，遍诸庭院，一切灯光无有倾动熄灭之事。又于夜半静时，空中时有微妙天乐，日间亦有闻者。又于尔时诸天散花，其花色白，如固日苔花，光璨如珍珠，自空降时，宛如月坠。复有青黄赤等各种色者，量如大人掌许，纷飞如雨。又有纯白霞光，直竖如幡幢，寺之左右及前方，皆有五色霞光，遍一切处。

大师圆寂后，徒众数百，皆入大曼陀罗，以内外秘密三种供养，供养大师。发广大愿，愿一切生中，值遇大师，慧眼观照，慈悲摄受，受甘露法，依教修行，速疾证得金刚圣位。又复于前后藏中,一切僧众道场,放茶施供,广培胜福。

尔时克主杰谓众曰：近来末代诸出家众,若遇亲教阿阇黎等圆寂之时,遂即废舍闻思修一切善行,留发过量,变服丧服,收检佛殿中幡帐等诸供养具,同于俗人。然今我等应顺大师本意,远舍世俗规则,当念诸行其相皆尔(皆无常相),于可厌患相而作意之(谓作意思维,积聚皆消散,崇高必堕落,合会终别离,有命咸归死,无常之事,人人具之,当深生怖畏厌患,一意欣求出离也),仍当精进二种法轮(教证)之事,圆满大师之心志(谓大师意在勉众修行耳。克主杰具正法眼及知佛法之扼要，慈诲后学，脱离愚法。今我汉地僧众似亦深染此恶习,住持正法诸上人,愿有所取焉)。

贾曹杰继承法位

前大师在时，已为大阿阇黎灌法王顶,令住持大师之教轨。今又由持律名称幢等诸上首弟子,重复殷勤劝请,乃升大师法王宝座,为一切有情作大依怙,住持圣教,犹如转轮圣王也。

又大师在世时,曾令锻师铸银身毗卢遮那像(即胎藏大日如来),今乃造竟,广为开光等事。众多不知大师立此银像之用意,克主杰谓众曰:大师前立三大曼陀罗之密意,是见无上瑜伽及瑜伽部之教法,衰微至极,依此因缘或稍能增长也。但现在若不宏扬此行部(密宗四部之一，即胎藏部），亦恐隐没而无存，故亦必须宏传此部，此即大师之本意也。

供养遗身

对于大师之遗身,有主张火化者,有欲保留肉身者,诸上首弟子咸认为保留肉身,于如来正法有大利益,并且大师前在其垄时,本尊亦曾授记,令留肉身,遂以留肉身为当理。

为欲建塔保存大师真身故,一切信施供养生银九百余两,造立银塔。复以无量宝石庄严,安置大师肉身于塔内,用法衣善覆,面向东北(是教法传布汉地等处之相)。次用止贡等处之信施,复为大师建立镀金释迦佛像,较大昭寺像,量高一肘。并新修殿堂,安置圣像。庚子年中，乃至开光等一切事宜悉皆圆满。当请大师肉身往新殿时，空中霞光追覆，天雨宝花。复于十月中，具善寺诸金刚阿阇黎与数百僧众，修桑都、胜乐、阎曼德迦、欢喜金刚、时轮、大轮（金刚手法）、无量寿及遍知（金刚界大日如来）等多种密法，广行供养。修法之初，后二日俱降天花，色如珍珠，花分六瓣，具足花梗。二十五日，正为纪念节日（大师圆寂于十月二十五日），复雨天花，形大如掌，花亦六出，遍地如雪，其中亦有红黄蓝金等诸余色者（白者最多）。即于是日，内邬虚空贤叔侄等迎请大慈法王，至惹喀札，与无量僧众广修纪念供养，启请发愿，亦降天花。自是以往，乃至现在，西藏、蒙古、五台山等地，不分宗派缁素，皆于每年十月二十五日，燃酥灯供养为纪念节（若康地等处，初因灯盏不敷用，遂刻圆根(即蔓菁也)竖柱灌酥以补不足，康地汉人呼为圆根灯会，即因此也)。此亦大师慈悲事业之所致也。

再现化身

如是大师化缘，已尽示现证得光明法身。中有初起幻体时，成就圆满受用身，尽虚空界随缘教化，实非浅智所能测。今但就吾人耳目所及者，如大师为克主杰五次现身之事迹，今略录少分，以培植自他之信根云尔。

一次克主杰在迦寺为大众讲经时，见诸有情，驰逐恶法，不肯至诚学习正教。或有初发心者，以自乏择法眼目，复薄福德，随逐恶友，亲恶知识，虽有好心，徒招苦果。观察之后，不胜悲感。回室后，自心念云：此诸有情，宿无福德，致使今生不逢具德大善知识为所依止，诸有为法，皆现无常相，而妄起常执。诸法本性示现空相，而反计实有。一切资财现无真实，而反励力拚命追求。现世名誉现谷响相，而反执为究竟所当得之果。总之，即我今者，将师长显密二教一切善说，及金刚持秘密扼要之处，全无微少错误之点，虽复昼夜励力宣说，然因彼等不具夙根，不能领受甘露妙味，反更亲近极愚至钝，少学无知，迷于取舍，等同畜生之诸恶知识，听闻种种自赞毁他、虚妄、绮饰、王贼街衢邪命等语，所有行为等同猪犬。若有通达佛法之心藏者，应生何等悲哀与感触耶？又复观察，此诸有情不念无常，而为现世利养恭敬之所迷乱，转趋邪道，永沉轮回。悲夫！起是念时，深生厌离，泪如雨下。遂陈妙供，祈祷于大师前。对宗喀巴大师，乘六牙智象，白如雪山，以纯金网严覆象身，复以无量金铃庄严，鞍鞯亦皆用宝饰。自空而至，慰云：儿心莫忧恼，忆念师长者，能净往昔所造极重恶业，复能集聚福德资粮，我等师徒之事业，根本善妙，汝与瑜伽自在弥拉（米拉是藏中一位即身成佛之祖师，彼昔曾忆师恩，涕泣而歌，其师现身安慰，与今克主杰事相同也）忆念师长之事相同，今后更当精进，广宏我之教法也云云。

复于一时，克主杰对于显密二教甚深扼要难处，生疑莫解。忽忆大师，念云：我师若住世者，今当请问。然今恩师不住，又无究竟能决断之根据，惟愿我师住世，我师今住何处耶？如是愈念愈悲，遂献上妙供养，涕泣启祷。尔时大师坐于无量摩尼珍珠严饰之纯金座上，有多天子，擎持而至，广释诸疑，复示种种教授教诫而去。

复于一时，阅读大师显密两部《道次第》等一切著述，见大师之善说，总名一切显密经论之要义，特明随一补特伽罗，直至成佛必行之轨道，首自依止善知识起，终至圆满次第证金刚持位，于其中间一切道次，无不圆满具足。念云：非我之师长文殊化现而来者，虽印度西藏一切大善知识，亦不能作如是善说。随念大师之功德恩泽，泪泣湿衣，殷重启祷。尔对大师身金黄色，右执利剑，左擎梵箧，现童子像，众宝严饰（等同文殊菩萨之相），乘洁白狮子而至，诲云：我儿勿哭，我今特来为汝说法，汝当知之。于五浊恶世中，有种种种姓有情，特于此时，不念无常及三恶趣苦，专意贪求名利恭敬，衣食卧具，凡庸事业。下至能念今世作此等事，来生当感何果者，亦极稀矣。如是多说法已，又复告曰：若有阅我忏罪集福，超越一切经论难处之善说，能起决定信心，依远离处专一修行者，其得佛位如在掌握，然能如是者鲜矣。虽则如是，但尚有少数法器机缘，应当饶益彼等，特当显扬我之密乘善说，则后世不久，速当相会也云云。

复于一时，追念师恩：我师今在何处？我何时而能朝见我之恩师耶？涕泣伤感，毛骨战竖，至诚启白云：结喇嘛宗喀巴，愿当悲愍视我，亦当观照此诸怆悷有情，今师圣教亦同空中闪电及乾闼婆城，速当隐灭，何日能到我师足前耶？尔时大师乘猛虎而至，身赤红色，目大鼻隆，作金刚瑜伽师相，右手执利剑，扬举虚空，火焰炽然，左手当胸持人脑盖骨，满中甘露，发色朱赤，青绸缠结，用人骨庄严其身，面容大笑，有八十位大成就者，前后围绕。慰云：儿不须过伤，我除汝外，更无所想，汝亦除我而复思谁？我放弃汝何处亦不去。若念我者，此显密二部《道次第》为首，及余一切善说，皆是我之遗教，可看此等教法也。总之，现在有情，福德微薄，烦恼粗猛，圣教亦至结归之时，汝今亦当发愿来此空行世界也。

次于一时，克主仁波卿念云：今我亦去者善，今当供我师长，请其来此，应当请问结喇嘛之住处，并有余事请问抉疑。遂陈上妙供养，并纯金曼陀罗，至诚呼云：慈父三世诸佛，无依众生之惟一皈依处，极尊文殊无能等者云云。尔时大师坐白云中，仍作生前之相，至前慰云：儿今当预备速来，我当遣人迎引汝也。又白云：结喇嘛，现住何处？我亦愿往彼处。大师告云：我之化身，有在空行世界，有在诸史陀天及瞻部洲等处甚众，然今五台山，有一千八百金刚苾刍（是修密法之出家苾刍也），上午宣演《中观》及《道次第》，下午讲释《桑都》《胜乐》《阎曼德迦》等三部密法，汝亦当发愿在彼，不久即当相会也云云。

余文尚繁，难以尽录，即依此五次现身，大师之本迹亦可知矣。

再者大师前住欢喜顶时，文殊菩萨授记云：次汝于其垄讲经时当脱一齿，可授予克主杰，使其遍一切众会云云。后大师住其垄修行时，四部密乘诸尊及三十五佛等，现身加持。克主杰白大师云：昨夜梦见喇嘛为授记，今请慈悲讲演四部密法之总义，金刚持道次第等。大师曰：善。遂广授诸甚深法要。一日，正当日光增盛之时，大师口中放大光明，遍照虚空，会众悉见，亦有见为霞光者，惟大阿阇黎达玛仁钦，持律名称幢，及克主杰见大师落一齿。时大师云：住妙高前如金山，施与无伦善妙汝（善妙吉祥贤是克主杰之名，此半颂谓克主杰处于大师之侧，宛如七金山住于须弥山之前，更无余山能超其上也）。遂将其齿授与克主杰，时大阿阇黎及持律等白云：何不见惠我等耶？大师谓曰：非不与汝等，但因克主杰具有得此齿宿根，并为本师所记莂，汝等可于七日之中，殷勤祈祷，当有所得也。克主杰亦捧齿归自室中，殷勤祈祷，光明满室。过七日已，大师命取来，设诸盛供，然后开包而视之，其齿成文殊菩萨圣像，像之遍体，舍利密布。遂取顶上舍利白如螺贝者，授予勇猛金刚。额上之如水晶者，授大阿阇黎达玛仁钦。喉间之金色者，授毗尼耶尸罗。心间之吠琉璃色者，授持律名称幢。总之，从文殊之身，分取舍利一千零二颗，遍施尔时一切众会。自是以后，舍利增长，乃至现在有缘者，得之不甚难也（密传甚多，难尽一一）。

大师之弟子

大师之弟子

名闻弟子

大师弟子，总无数量，谁能尽述？今于普通共知共闻之中，略录其名高望重者如下：

与大师互为师徒者四，谓中观师精进狮子、罗札·虚空幢、极尊仁达瓦童子慧、扎廓法依贤也。大师未舍事专修前之四弟子，谓语自在称、名称慧、智吉祥、善知识霞顿等。舍事专修时八清净弟子者，如前已述。二长子者，谓大阿阇黎达玛仁勤及大菩萨止贡巴（俗居止贡）

持律名称幢。惟一心内爱子(谓如大师之心也)谓克主杰善妙吉祥贤。事业量等虚空之四大弟子,谓妙音法王吉祥德(或胜)、无等法王谷汝幢贤、结尊慧狮子、一切智根敦珠(或译僧成,即达赖喇嘛第一代)。卫(前藏名)藏(后藏名)十位圣教灯者,谓桑普法王宝戒、孃廓·宝思成、智白在名称贤、桑普贾王喀伽、孃·慧幢、胡·虚空吉祥、法王慧法护、跋梭法幢(克主杰之弟)、法王吉祥狮子、纳塘·尊胜(或极胜极上皆可等是也)。任运利他之六菩萨,谓热振·释迦福菩萨、庆喜贤菩萨、得摩塘巴·慧幢菩萨、戒吉祥贤菩萨、童子胜上菩萨、幢名称贤菩萨。二位帝师(即国师也)者,谓大慈法王释迦智及降达玛也。二广大多闻弟子,谓虚空胜及虚空吉祥。二位受持杜多功德者,谓雅炉瓦·吉祥海及雅炉瓦·善幢（或译妙幢）。观慧殊胜之二位大善巧者，谓慧宝狮子及法自在称。于四方增广圣教之六大幢幡，谓上慧贤、下慧贤（上指西藏之西方，下指东方。）、古格·语自在名称幢、狮子吉祥慧、功德吉祥。二位译经三藏法师，谓童子吉祥（又名意贤顶）及达垄·罗拶瓦。六位地主（系王子出家者）法王者，谓吉祥贤仁波卿、福贤仁波卿、菩提金刚仁波卿、福幢仁波卿、止贡仁波卿义成宝王、达垄仁波卿吉祥德光。八受持无量经论者，谓慧生宝思成（与前者非一）、降灵巴名称贤、哦日巴福宝、妙音宝幢、谷格瓦·佛幢、妙音宝称、佛子乐生。朵绒四善巧者，谓光明、善贤、福慧、杰拏。二位绍继修行者，谓菩提吉祥及宝吉祥。二希有士夫，谓胜士无量愿及永不下山之福宝。八懂哦者（懂哦译为目前,是尊称,辞与称座前等无异),谓懂哦庆喜慧、懂哦童子光、懂哦慧幢、懂哦吉祥贤、懂哦虚空幢、懂哦任运福、懂哦宝幢、懂哦宝增。宝座端严四大师者,谓贡塘巴法王端严吉祥、释迦幢、吉祥义成、法王吉祥。四护众住持者,谓觉摩隆住持法胜吉祥贤、帕摩竹巴住持胜贤、住持庆喜金刚、懂耶住持菩提吉祥。

五大者,谓大名称贤、大光明狮子、大慧增、大吉祥幢、大庆喜幢。二灌顶其廓瓦者,谓特其廓瓦毗赖耶吉祥、止贡其廓瓦吉祥宝。树立讲闻之四阿阇黎者,谓精进称阿阇黎、具善阿阇黎、达雷菩提幢阿阇黎、菩提吉祥阿阇黎。四位宣说正理之迦举巴者,谓迦举巴玛跋陀罗跋色、迦举巴左拶、迦举巴德幢炉瓦、迦举巴善吉祥幢。受持文义之十位迦举巴者(迦举巴谓持十部论者），谓不空迦举巴、宝祥迦举巴、宝法胜迦举巴、佛自在迦举巴、佛贤迦举巴、福贤迦举巴、卓萨迦举巴、楚普迦举巴、法狮子迦举巴、迦举巴名称幢。四位严持禁戒者，谓月慧、运福、善宝、公薄觉敦。六位净戒上座者，谓法贤上座、僧王上座、光明上座、童子佛上座、庆喜亿上座（此处印脱一名，原稿已失，暂无法查对）。舍弃现世（舍现世八法等）之五位有证德者，谓古觉喇嘛佛吉祥贤（又号无量光金刚）、具证曩喀穴惹、法王名称生、具证惹色巴及虚空幢。尚有名称海、贤慧称、童子祥、思胜、喇嘛金仙、漾顶仁波卿、静慧温薄、种巴虚空、喇嘛觉依、喇嘛福宝、种巴法上、喇嘛释迦宝、喇嘛月贤、喇嘛法幢、贾惹佛智、持律慧密、圣光德海、福胜成就、宝吉祥贤、名称吉祥、喇嘛普贤宝、喇嘛福自在、妙音金刚宝、贾玛庆喜慧、法王幢称贤、宝贤、慧贤等诸胜上人，皆大师之入室弟子也。

正法传承

如是诸胜士夫，悉是乘愿再来，宏扬大师之正法者，各有别传，难尽一一。其中最要不容不述者，略录如次：

一、大阿阇黎达玛仁钦者，大师临圆寂时，授予衣帽绍继大师之法位（前文广述）。依戒律为根本，兼宏扬《集论》《俱舍》《因明》《帕勤》《入中论》等（著述五函）。总凡大师之一切显密善说，尽力宣扬，凡三十载，故新旧一切徒众，皆奉之与大师无异也。

二、克主杰于大师圆寂后遂赴后藏等处，

宏扬大师遗教，次为大阿阇黎迎归，传予法王之位，等同大阿阇黎而无异。

持依大师之教言，不争余人之语释，非但摧伏外难，即大师弟子众中，稍有不符大师之教义者，无不尽力破斥，此师之威德实非余人之可比。克主杰自幼时，即辩胜葭之喇嘛尊胜。尊胜智辩无敌，然败于克主杰，故自他各宗，无敢与克主杰对辩之敌者也。能使大师之正义光显如日、离诸云翳者，皆当归功于克主杰，西至哦日，东至康地，各处皆殷诚迎请。然以住持藏中正法为重，故皆辞而未赴。在位八年，住持大师正法，饶益无边有情。

三、克主杰后为雅炉瓦善幢，次为慧法护续位。此师总善一切密部，尤精时轮金刚。克主杰造《时轮金刚广释》，未完而逝世，此师续成之。次为克主杰之弟，厥号法幢。宗喀巴大师有一部密传之法，内载文殊菩萨等亲传之密法，此法之传承，克主杰得其少分，妙吉祥海得完全部传承，更未轻传第三人也。次法幢仁波卿，从克主杰及妙吉祥海二师受完全之密传，遂为此法之主。次仅传三位具足法器之弟子，谓大成就法金刚、朵垄巴吉祥金刚、康巴宝金刚（又名金刚吉祥），时人称为金刚三昆仲。彼三人悉获上品成就，证得不死之金刚身。法金刚住于觉摩啰日（山名）之莲华窟中，吉祥金刚住于止之贾扎（崖名）金刚积无量宫，宝金刚（亦号智金刚）住于盆盂（地名）觉薄朴之阿兰若处，于无善根者，隐身不见，于具法器者，则现身而授法。其吉祥金刚亦住于集米寺之善增阿兰若，第三代达赖喇嘛福海，从受胜乐轮之灌顶等。

法金刚者，将密传及经具授予贤慧义成（克主杰之第三代，班禅之第一代也），次授予佛智，次授贤慧法幢（贤慧义成之转生，亦有谓此世方得班禅之号），至此师方得有开显也（以上是密传略录）。法幢仁波卿，著有《时轮二种次第》等书。次为坚慧仁波卿绍法王位，此师著有《帕勒》等释，创达薄扎仓于达薄之地，是彼处宗大师圣教之始（达薄在拉萨南方）。次为愿吉祥续位，展转至今数十代矣（以上为格敦寺之传承）。

四、妙音法王者，大师亲为授记，使建集米寺，并授予大师自寂灭山开藏所得之法螺。法王依师命，由内邬为施主，遂创集米寺。法王总持力殊胜，如《大般若》《宝积》《华严》等，各作一部笔记，能受持一百八部经论于心中，凡欲讲演，皆不需经本，是大师弟子中受持经论最为第一者也。所讲之《帕勤》《因明》《中观》等法，皆以大师所传者为依据。其门徒弟子如大地之竹苇，秋夜之星宿耳。法王复命七位高足，为大众之讲授阿阇黎，各个宣扬正法，遂成多门、明慧洲、乐广、霞廓、闻思洲、调伏、密咒之七大院。后时变迁，合而成四，为多门、明慧洲、乐广、密咒是也（世传云此寺有七千七百众，现时实有万余众也）。法王之后，为吉祥狮子继位，此师见昔时得大成就之霞瓦日巴现身，授予修摩诃哥罗之教授等。次为宝菩提、贤慧日、贤慧称、释迦幢、愿吉祥、妙音善法圆满。此师见文殊菩萨现身，赞曰：若有汝之慧者，实为可喜之极矣。因此故皆称此师号妙音欢喜慧。此师住持正法甚久，著有《大乘庄严经论》《现观庄严论》《中观论》《入中论》并《因明》等释，一切种智、僧海（达赖第一代）等皆出其门下也。次为功德海，再次即僧海绍位。僧海之后为福称，此师复登具善寺之法王位，为第三世达赖喇嘛之亲教师（达赖至今凡十三世，代代为法王整理僧伽制度，论中谓是居士者误），事业广人难匹，著有《帕勤》《戒律》《中观》《俱舍》《因明》等释，乃至现在为明慧洲所依据，更著有《桑都二种次第》等诸密典，亦为今世所珍宝者也。次为福海续位，次为功德海（达赖第四代），次为班禅仁波卿贤慧法幢，次传第五世达赖喇嘛，此后随成达赖所独有也（集米寺之总住持如上说，各院之传承尚繁，其多门院讲经之依据，初为法生所著者，后时有大善知识妙音笑金刚，本讳语自在精进，出兴于世，总达一切显密诸法，尤善五部要论而无滞，其著述诸释非仅为多门之所依，实为蒙藏一切讲场之所据也）。

五、大慈法王者，初代大师赴永乐皇帝之请，次回藏建色拉大乘洲（世传寺僧五千五百人云）。后复至汉地，为永乐、宣德两代国师。蒙古、五台等处之黄教派，皆以法王为鼻祖也。法王赴汉地时，传位于迦举巴达杰跋陀罗，次传古如幢贤，此师之见稍异，为克主杰所诃责。次传位于雅炉瓦铙降巴，次为名称慧宝狮子，次内敦巴，次拉朴法王，次任运吉祥圆满，次为多闻吉祥慧，次妙音不空吉祥，次为第二世达赖，次传极尊法幢（此师著述甚富，为色拉一院之依据，此师与结祥圆满之事迹尚繁未录），次传福称，次为法称贤，次传第三代达赖福海，次传东廓功德海,次为第四代达赖功德海,次传班禅仁波卿贤慧法幢,次为第五代达赖喇嘛等。寺初有五院,后合而成三也。

六、根敦珠仁波卿者,初随慧狮子往后藏宏法,次依喇嘛本尊等记莂,建札什伦布寺(札什伦布译为吉祥妙高),宏扬大师之教法,与前藏三大寺相等也。此师著述及门徒亦众(不录)。住持二十八年,次传位于大善巧贤吉祥,次为教理海,次为智顶贤,次传僧海(达赖第二代),次授圣教日,次为慧幢、不空海、慧善贤,尔时以此师之著述为依据,次传内宁法王法幢响之法吉祥海、福幢、思成吉祥贤正法上增、天王慧,次传位于班蝉仁波卿贤慧法幢,此后即成班禅所独有。其寺初分三院,至班禅仁波卿时,增一密咒院。依上述之四大寺为根本,黄教寺院渐次繁盛，余派寺院，亦多转依而为变黄教。大师教法流遍蒙藏，荫蔽余宗，如日光之夺萤火，或信或嫉，其类非一，故赞谤之声，至今世尚间杂而闻也（然皆系暗谤，非有光明正理之可言）。西至哦日，东达康地，最初宏扬大师之法者，为二慧贤也。大师之高足慧贤（待东方之慧贤故言上），初返哦日，于莽孟建达摩寺（译为虎寺），其弟建敕色寺，并于桑迦寺及昔大译师宝贤之金殿寺，及止敦寺、罗冬寺等诸旧寺中，兴树大师之教法，乃至现在犹盛行而未减。时值处之官长，皆礼慧贤为师也。次克主杰之弟子桑普瓦号天王慧者，修理原有之北图寺，并新建八加、立格两寺，自此以后，或有新建，或为旧改，大师之圣教遂渐遍于哦日之境矣。

下慧贤者，住色拉大乘洲。当达杰跋陀罗住位时，为色拉之副讲阿阇黎。时无量海众皆依大师之教规，持戒精严，讲修并进，人天福田，僧俗归仰。彼于一日感而念云：后回乡里康地时，亦当依净戒律仪兴此法派之见行，建树极尊仁波卿之教法，利益安乐无边之有情也。时有一切种智号菩提亿者，以通力照知，遂请慧贤菩萨至其室，奉以上妙供养，并氆氇一匹、黄帽一顶，告曰：今无他缘，因汝速将回康，康地之正法汝当勉力宏持也。菩萨念云：我并无返康之语，何故如是见教耶？岂我不应住此乎？无论如何，我当请白贾曹仁波卿（大阿阇黎达玛仁钦也），或当见留耳。遂往具善寺朝见大阿阇黎，启白上事。大阿阇黎非但不留，并安慰而授记云：今回康甚善，有山名曰窝，于彼附近有汝所化之机，事业亦能宏广也。并赐礼物而遣之。菩萨次返昌都，建寺曰慈氏洲，集三千余众，饶益无边有情，至是方知一切种智菩提亿实有神通也。次为圣天菩萨住位，遂以彼之转生为寺主，圣天徒众多出宏法之良才。改旧建新，道场丛起。大师之遗教，遂遍覆康地而无余矣。

七、安多（即西宁附近，大师诞生之境内也。）宏法之渐次者，初为义成宝法王，于妙翅鸟崖建寺，次于大师诞生之地建塔，以彼近聚落故，任运住止无数僧俗。后第三世达赖喇嘛福海，因蒙古王请过彼处时，命光海法王建藏滚扎仓，传数世，遂兴讲经院。后更立密法院、医方明院，遂成四院焉。

达赖第四世德海法王，遣佛子不空海往安

多境内建寺，佛子奉教，创寺曰慈氏洲，立讲经会，是此寺宏显教之始。后时妙音笑金刚，立密教院，显密并进矣。其章嘉胡图克图、土官胡图克图等清朝国师，皆为此寺之人才也。寺之十代住持，号义成海者，建大丛林曰都史多正法洲，寺分四院，人才海涌，下院亦甚繁盛。

其难为伦匹之大善知识妙音笑金刚者（讳语自在精进），于罗举地界建大道场，曰札喜期（译曰吉祥旋）。内分闻思洲四院。次传位于高足语自在吉祥，后仍供位于妙音笑法王之第二代妙音法王宝无畏帝。自是已往，代代为主。寺出将才，倍于他寺。子寺下院，亦胜一切。今于安多境内，宏法事业讲教修行，实无余寺可与比也（安多寺院，势不下于拉萨。如赴安多学法，近而且便，实与藏中三大寺无异。其札喜期寺，经版具全，更有多人之著述，为学藏法者所必不可少也）。

密法传承

大师遗法，总录如前。密法宏传，兹重述之。

无比法王慧狮子者，心生中观正见，坚获生圆三摩地德，更得本尊加持，护法办其事业，受持大师之《桑都》《胜乐》等密法教授而无余。其他弟子之所未得者，此师亦皆有之，为大师弟子中，宏法事业最为第一者也。前在色拉寺，受大师讲授密法之灌顶，大师授与《桑都》月称释等诸论，更授予大师开藏获得之阎罗法王之面具、棒杖、绳索等，告云：汝无须怖，我已将法嘱与阎罗法王(是大师之护法),汝可往后藏于如铃覆之山上,有阎曼德迦之瑜伽者,彼能增广汝之教法,于如罗义仰卧之山上,有药叉女,彼亦当增长汝之教法,其后汝亦能自知也。慧师子法王,蒙授记已,偕根敦珠仁波卿赴后藏,时持律慧密,亦依彼师徒二人听闻显密诸法。其余徒众,从慧狮子法王学密法,依根敦主仁波卿学显教,持律慧密为副讲师,听众胜于一时也。后时善财海法王,赞当时师徒众会云:我年幼时,在日库(地名)见慧狮子法王、一切智法王(称根敦珠)、持律法王,并诸徒众同住于日库,宛然如来俱诸众会出现于世耳。如是讲闻增胜之时,慧狮子法王忽忆念云:我前于大师面前,誓宏扬密部,今是其时也。遂渐宏《桑都》,渐次游行,至偷薄顶(山名及寺名)时,寺内住持号圣光德海，与诸眷属咨请法义，此师著有《炬明》(月称《桑都》释也)之释，宏扬《桑都》。法王知是大师所记之阎曼德迦瑜伽者，遂于彼寺，建树大师之修行坛仪及讲《桑都》之规则，复将大师所授阎罗法王之面具、棒索传授于彼，至今尚存也。

次赴狮子顶(山名及寺名)，时彼处之官夫人为施主，亦于彼寺，兴密宗讲说及坛仪。彼官夫人者，即大师所记之药叉女也。大师又曾记其后者，“汝自能知也”。法王住狮子顶时，自亦知都拏瓦(法王高足之一)宏法时至，一日同于法王前进茶，右序之首为根敦珠仁波卿，次为都迦瓦等，左序之首为都拏瓦(讳吉祥贤)等。时法王问都拏瓦曰：汝属相为何？白云：马。法王曰：善。世云：牛死地马跳，汝今可往牙喜(译牛死)地界宏扬密法也。法王授彼大师之衣帽。都拏瓦白言:此是杰根敦珠所应得者,请传我大师之《桑都释》等,遂在牙喜都史宫(寺名)中,建设密法院,是为上后藏(后藏分上中下三处)创立大师密法院之始也。次从都拏瓦传妙音众增,乃至宝增上,凡二十一世中无间缺。其宝增上,虽有数位高足,然非传授密法之器,至后半世时,有梅语自在慧及雅炉住持妙音持教,往请法义,其《桑都》之灌顶、讲传最扼要者,仍未传授。直至世寿八十岁时,有妙音笑金刚,八十一岁有章嘉第一代语自在贤慧具法,并塘萨巴成就海等,自前藏而往,请求要义。是时方见狮乳宝器,授受相当,遂将《桑都》等一切扼要法水,倾量瓶注。法传愿竟,未久归寂。前持寿而不去者,盖持法以待主也。其慧狮子法王命都拏瓦宏密法已，遂返前藏，创举梅巴（举为续部之名，梅译曰下，对密部上院而号下也），宏扬《桑都》。法王之位，传于施祥法王，此师著有《桑都释》等，宏扬不辍也。时有号庆喜义成者，初曾亲遇慧狮子法王，次从施祥法王，听授经释、教授等法。施祥之后，称贤续位，次年而终。时举梅巴之讲授者，理应庆喜义成当任。兹因维那不空等，奉吉祥幢为之，彼心稍生不乐，随持摩诃哥罗像一幅，顶骨一具，赴上前藏（前藏亦分上中下三）。初有师徒六人，后共三十二人，恰与《桑都》中本尊数量相符，遂建立桑都之讲传（吉祥幢后，虽奉请为阿阇黎而未赴）。日进一日，学徒渐繁，义成宝法王于十三年中，尽力宏扬，是为举夺巴（夺译上）之始也。举夺梅两处，人才俱富，不暇繁录矣。

更有大师之高足号贤吉祥者，亦多造密部之释。上座义成宝吉祥者，于罗札建设讲授《桑都》月称释之基础。法王月幢者，于昵丁、精其等处，宏扬大师之密教。自是以后，随学建寺者颇众。大师《桑都》之讲轨，遂遍康藏卫等处而无遗。显密宏传，依此可略窥其一斑耳（大师法派见解，修习行持等，实总括一切宗派之善处，舍弃一切之流弊，虽为诸派之真髓，亦实超一切之上也。诸派法义，余尚有广译之志在，故不繁赘矣）。

十方诸佛及佛子，妙智深悲胜神力；
总集一体宗喀巴，愿彼足尘饰我髻。
从彼解脱功德海，采出如意摩尼珠；
遍逐三界无明暗，如来法身亦堪睹。

大师德光遍十方，犹如太阳放焰炽；
逆枭蝙鼠非所堪，暗生怨谤实法尔。
若有正直具观慧，希求功德如蜜蜂；
美誉芬馥动鼻根，意识不辞更有谁。
未曾追求妙音韵，念慧微劣少精进；
文误义乖为我失，愿施加持不成覆。
愿乘如此微善根，普利见闻诸含识；
生生不离大师足，慈悲授受生欢喜。
大师面轮现微笑，任运流出妙风雨；
润泽信种发德芽，资粮叶茂证华敷。
华香普召诸有情，咸集三身圆生树；
所求圆满永无失，速证无上微妙智。